ゼロから学べる！

FACILITATION
SUPER TECHNIQUE

ファシリテーション超技術

プロファシリテーター
園部浩司
Koji Sonobe

かんき出版

はじめに

あなたがこれまでに「会議」に出席して困ったこと、また困っていることは何ですか?

以下の項目のいずれかに当てはまるのではないでしょうか?

□会議が長い　□まとまらない/結論が出ない　□脱線する
□意見が出ない/本音が出ない　　□会議全体の雰囲気が悪い
□テーマが不明確で、なぜやっているのか分からない(目的不明確)
□話が長い人がいる(発言者の偏り)
□ネガティブな発言、否定的な発言をする人がいる
□事前の準備不足　□無関心な人がいる(内職をする)

それから、ファシリテーターを経験している方はこんなことも思われているのではないでしょうか?

□私が発言してもいいのだろうか?

これらは、私が、これまで6600人以上のビジネスパーソンの方にセミナー、研修等で受講いただいた際に調査した「会議の課題」をまとめた"リアルな声"です。

NECグループの会社員時代、私は多くの会議を任されました。その数実に、年間1000本以上になるかと思います。

ファシリテーションやファシリテーターの本質など知る由もなく、当初は、単なる「会議の進行役」という認識でした。待ったなしで次から次へとやってくる会議をいかにして"捌く"かに必死でした。

当時、自分なりに、ファシリテーションに関する書籍を読み、会議に関するワークショップを見つけては参加して、とりあえずの知識を身につけ、本番に臨み「まとまらなければ、最後は、自分の意見をゴリ押しするしかないな」ぐらいに思っていました。

　でも、実際には、その通りにしたら社員から猛反発され、部下の女性からは、「園部さんは、人の気持ちがまったくわかっていない。これじゃ誰もついていきたいと思いませんよ」と直談判されました。

「いい仕事がしたい」という目的を持って自分なりにやってきたつもりでしたが、周囲との関係性は希薄だったのだと思い知らされました。

　しかし、ファシリテーターを任されたおかげで自分自身に向き合うことを余儀なくされ、紆余曲折しながら自分なりの方法で円滑に会議を行うにはどうしたらいいのか少しずつ見い出していきました。

　さて、より短い時間で仕事の成果を出すため「ＡＩの活用」が叫ばれるなど時代の転換期に入ったことを実感している人が多いと思いますが、その中で、旧態依然として一向に進化していないもの。それが、「会議」です。

　理由は、明白。

　それは、そもそも、いったい何が「良い会議」なのかを知らない人がほとんどだからです。

「会議」と言えば、ヤジの飛び交う国会中継や、人が話しているのに割って入って自分の意見を述べるような朝まで討論するテレビなど、およそ建設的とはいえないディスカッション・スタイルがいつしか脳にインプットされている人は少なくないと思います。

　しかし、ここで、はっきりお伝えしておきます。

　会議に、白熱するような議論は不要です。

「実のある会議ほど、ヒートアップするものだ」と思い込んでいる人がいますが、大きな勘違いです。

　だってみなさん、会議において思わずヒートアップするのは、どんなときですか？　突き詰めれば、"自分の意見の正しさ"を示したいときではないでしょうか。

　Ａさんと、その真逆のＢさんの意見があり、どちらかに決めなければならないとき、ＡさんもＢさんも"自分の正しさ"を主張しますからラチがあきません。

　勝ち負けや正誤に話がすり替わると、建設的な議論からはどんどん離れていきます。

　こんな調子では、当然、時間はかかり、誰かの話は長くなり、意見の出せない人は置き去りになり、会議全体が気まずい雰囲気になり、結局、結論が出ないまま次回に持ち越される。あるいは、最後の最後に上司の一言でどちらかのプランに決まってしまい、「今まで費やした時間はなんだったんだ」状態になってしまう。

　まさに、冒頭の「困っていること」に該当するような、誰もが消化不良になる不毛な会議を延々と繰り広げることになるのです。

「うちは、和気あいあいとしているし、建設的な議論はできるほうだ」という会社もあるでしょう。

　確かに、雰囲気が良いと会議もスムーズに進みそうです。

　しかし、この場合でも、たくさんの意見は出たものの、「……で？　どれにすればいいの？」と収拾がつかなくなることがあり、「なかなかまとまらない」「時間がかかる」という問題は消えなかったりします。

　なぜこうなるのか。

　一言で言えば、「いきなり、問題の解決策を見つけようとするから」です。

「売上が低迷する理由」というテーマで会議を開いたとして、ほとんどの人が、「売上を回復するためには、何をすればいいか」といきなり解決策を話

し合います。

　議論を進めるにはきちんとした順番があります。

　いきなり解決策を話し合ったところで、会議がうまく着地するはずがありません。これについては本書で詳しくお伝えします。

　では、「良い会議」とは、何でしょうか。

　先ほど挙げた「会議で困っていること」のチェック項目と真逆です。

・時間通りに終わる　・まとまる／結論が出る　・脱線しない
・意見が出る／本音が言える　・全体の雰囲気が良い　・テーマが明確
・話が長い人がいない　・ネガティブな発言、否定的な発言をする人がいない

　これらを簡単に体系化し、私は、次の３つを「良い会議」の条件にしています。

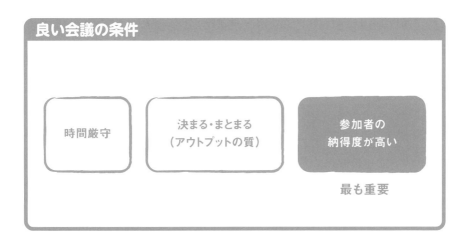

「時間厳守」「決まる・まとまる」「参加者の納得度が高い」この３つをすべてクリアしなければ「良い会議」とは言えません。時間通りに終わり、決ま

ることも大切ですが、**特に重要なのは、「参加者の納得度」です。人は納得しないと行動はしません。**会議終了後、現場に戻って決まったことを実行するかどうかは、この「納得度」にかかっています。

「うちの部署は、部長の長話のせいで会議の終了時間なんてまったく読めない。時間通りに終わるなんてありえない」「うちの会社は、この条件はクリアできない。自己主張の強い人が多くてまとまらない」

「あの上司に右に倣えの人が多いからなあ……。上司の意見が結論になっちゃうし、誰も納得しないままの会議はこれからも続くだろうな……」

「うちは、無理だ」とすでに挫折気味の人も、ご安心ください。

　本書を読んでいただければ、先ほど述べた「会議で困っていること」のチェック項目の"ほぼすべて"をクリアできます！

　現在私は、プロのファシリテーターとして様々な企業の会議に携わり、会議のファシリテーションや会議改革のコンサルティングを行っています。また、年間2500人ほどの問題解決力／次世代リーダーなどの人材育成にも関わっています。

　管理職やプロジェクトリーダーはもちろん、今は、若手の中でもプロジェクトマネージャーをはじめ、様々な年代の人が会議でファシリテーター的な役割を担う可能性があります。

　この本で、ファシリテーション、ファシリテーターの極意を掴めば、**急に今日、明日、自分がその役目を任されたとき、参加者全員が納得できる会議が実現できるはずです。**

　もう１つ、ファシリテーションを学ぶと「**圧倒的に仕事が楽しくなる**」という副次的効果も期待できます。

　事業部の各種施策の会議にせよ、風土改善の会議にせよ、ファシリテー

ションは正解がどこにあるのかを探ることから始めるような仕事ですから、様々な人たちの声をしっかりと聴いていかなければなりません。

　その過程で、チームのメンバー、関係者などたくさんの仲間を巻き込み、問題解決という１つの目標達成に向かって一緒に突き進んでいくことになります。ここで出し合ったアイデアや意見は、その後、必ず「いい仕事」に結びつき、高い成果を創出できます。

　どんなに難解な問題も、自分だけで解決するわけではありません。仲間が自分には思いもよらないアイデアや意見を出してくれます。信頼できる仲間がいることを、ファシリテーションを実践する中で実感できます。

　私は仕事において、あらゆる問題を１人で抱え込む必要がないことに気づき、人間関係は円滑で、良好になりました。人によっては仕事に対する価値観が変わるほどのインパクトがあると思います。

　どんな問題がやってきても、「仲間がいるんだから、必ず解決できる」と大きな自信になります。

　ファシリテーションの習得は、私にとって、仕事だけでなく、人生全般を劇的に変えてくれる力になりました。

　みなさんにとっても、ファシリテーションを通して社内の活性化を促し、「いい仕事」に直結させていただけたら、こんなにうれしいことはありません。

2020年10月吉日

園部牧場株式会社

園部浩司

ファシリテーション力は
問題解決するうえで土台になるスキル

　私は問題を解決するには、7つのスキルが必要だと思っています。

　その7つが「企画力」「プレゼンテーション力」「プロジェクトマネジメント力」「ファシリテーション力」「ロジカルシンキング力」「人格力」「コミュニケーション力」です。

　企画力とは、問題を発見し解決策を立案する力のこと。その企画した内容をわかりやすく上司や関係者へ説明する。このときに必要なのが、プレゼンテーション力です。晴れて企画が承認されたら、いよいよ仕事がスタートします。仕事のスタート時はチームを編成し、ベクトルを合わせながら、メンバーの力を最大限引き出して成果物を創出する。ここで必要になるのが、プロジェクトマネジメント力です。

　では、ファシリテーション力は？　これは、ここまでお伝えした「仕事」を遂行するうえでの土台となるスキルです。

　企画を立てるとき、1人で解決策は立案できません。みんなで相談して企画立案します。当然会議が必要です。プレゼンテーション資料を作成するときもメンバーから意見をもらうことで完成します。企画が通り、プロジェクトがスタートし、成果物を創出する間にも、ファシリテーション力は必須です。なぜなら、どのようにやるのか？　進捗はどうなっているのか？　など1つの仕事が終わるまで会議の連続だからです。会議の質が仕事の生産性に直結すると言っていいでしょう。

　その意味で、仕事をするうえで土台になるスキルがファシリテーション力なのです。

　会議中は、いろいろな意見を整理するロジカルシンキング力も必要になります。ただし、ここまでお伝えしたこれらビジネススキルといういくつもの「力」を発揮しただけでは、人間味のない冷たい印象を与えてしまうかもしれ

ません。私は30代の半ばまでこのビジネススキルを一生懸命勉強しましたが、決定的に足りないものがありました。それが、コミュニケーション力です。

　どんなにビジネススキルを磨いても、コミュニケーション力が不足していたらうまくいきません。コミュニケーション力は、人と信頼関係を築かなければ生かせません。さらに身に着けておくべきものは、「この人のためならば一肌脱ぐか」と思ってもらえるような人格力。

　問題解決を行うにはこの7つのスキルをバランス良く磨くことが必要だと私は思っています。

　中でも、ファシリテーション力は仕事全体の土台となり、核となる位置づけです。このことを意識しながら本書を読み進めていくと、仕事全体におけるファシリテーションの役割もよりクリアに見えてくるでしょう。

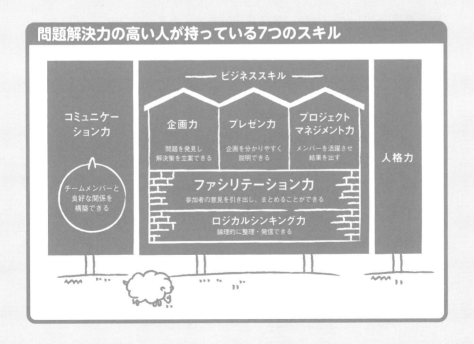

問題解決力の高い人が持っている7つのスキル

コミュニケーション力
チームメンバーと良好な関係を構築できる

ビジネススキル

企画力
問題を発見し解決策を立案できる

プレゼン力
企画を分かりやすく説明できる

プロジェクトマネジメント力
メンバーを活躍させ結果を出す

ファシリテーション力
参加者の意見を引き出し、まとめることができる

ロジカルシンキング力
論理的に整理・発信できる

人格力

第 1 章

会議には
ファシリテーターが不可欠

第 2 章

ファシリテーターに重要な
アジェンダのつくり方

第 3 章

ファシリテーターが知っておくべき
議論の進め方と問題解決のステップ

第 4 章

会議中にメンバーの意見を
引き出すためには

第7章

会議中の雰囲気づくりと
ファシリテーターの心構え

第8章

オンライン会議での
ファシリテーション術

カバーデザイン：井上新八
本文デザイン・DTP：二ノ宮匡（ニクスインク）
編集協力：三浦たまみ／栂井理恵（アップルシード・エージェンシー）
イラスト：森木愛弓

会議には
ファシリテーターが
不可欠

01 ファシリテーターとは、会議を円滑に進行するプロ

ファシリテーターとは何かということを、改めて確認しておきます。
ファシリテーション、ファシリテーターの意味は以下になります。

> ・ファシリテーション＝会議を円滑に進行する
> ・ファシリテーター＝ファシリテーションを行う人

より具体的に言えば、**ファシリテーターは、「会議が円滑に行われるよう、そのプロセスをリードし、活発な意見が出る"場づくり"を演出する役割を担う人」**で、ファシリテーターに求められることは、主に次の3つになります。

> 1　会議をデザイン（設計）できるか
> 2　会議をリードできるか
> 3　"場づくり"ができるか

いま、ファシリテーションという言葉そのものは広く認知されるようになりましたが、ファシリテーションとは「会議の進行」と誤ってインプットしている人は少なくありません。

しかし、**本来の意味は「会議の"円滑な"進行」です。**

　ファシリテーションを行うファシリテーターは、「会議の進行をすればそれでOK」ではなく、会議のテーマが決まったら「円滑に進めるために何ができるのか」を考えて、活発な意見が出るようにしなくてはならないのです。

　そのためには、どのように進行すべきか、あらかじめ"脚本"を考えます。"脚本"ですから、その会議がどう着地するのか、結論まで予測しておきます。

　会議当日は、全員が意見を言えるように配慮するなど"場づくり"は欠かせませんし、時間通り終えることにも徹底してこだわらなければなりません。

　やるべきこと、心がけるべきポイントはいくつもありますから「大変そう」に見えるかもしれませんが、コツさえ掴んでしまえば大丈夫です。

02 ファシリテーターに求められる3つのこと

　では、ファシリテーターに求められることについて具体的にお話ししましょう。

❶ 会議をデザイン（設計）できるか

　ファシリテーターは、単に会議を進行する人ではありません。

　会議の必要性や目的を明確にし、その達成のために「議論の順番を組み立てる」ことが必要です。

　具体的には、会議前に、テーマについてアジェンダ（会議の進行表）を作ります。アジェンダは議題という意味もありますが、私は会議の進行表という意味で使っています。このとき、どのような順番で進め、どのように議論すれば結論に至り、参加者全員が納得できるのかについてもおおよそ設計しておきます。

　この会議設計で会議の成否が決まると言っても過言ではなく、ファシリテーターの役割の中でも特に重要な役割となっています。

　具体的にはアジェンダを作成することですが、詳細は第2章で説明するので、この段階では会議を設計するのが重要な役割、ということだけ理解しておいてください。

❷ 会議をリードできるか

　ファシリテーターは、会議当日は、事前に作っておいたアジェンダに沿って進行していきます。

　どのような順番で誰に発言してもらうか、どのように意見を整理するか、どのように時間管理をするかを考えながら、アジェンダで決めた内容を確実に進めるのがファシリテーターの役割になります。

実際の会議のスケジュールを書き込んだアジェンダ

項目	詳細			
会議名	職場の雰囲気改善プロジェクト　（第一回）			
日時	20××年×月×日（×）　13：00～14：00			
場所	○○会議室			
参加者	職場改善プロジェクトメンバー（5名）			
ファシリテーター	Aさん（リーダー兼ファシリテーター）			
会議の目的・ゴール	職場の雰囲気が悪いということが「本当に問題なのか」検証する！			

進行内容		タイムスケジュール		
		進行目安		所要時間
1．オープニング				
・本日の進め方	説明	13:00	13:03	3分
・アイスブレイク（プロジェクトへの意気込みを一言）	シェア	13:03	13:05	2分
・前回の振り返り（初回なので割愛）	-			
2．情報格差を埋める				
・職場の雰囲気改善PJ発足に至った背景（復習）	説明	13:05	13:10	5分
3．議論内容				
・職場の雰囲気が悪い現状を洗い出す！	洗い出し	13:10	13:20	10分
→ホワイトボードに書き出す（カテゴライズする）	整理	13:20	13:25	5分
・こんな職場最高！を洗い出す	洗い出し	13:25	13:35	10分
→ホワイトボードに書き出す（カテゴライズする）	整理	13:35	13:40	5分
・現状とあるべき姿のギャップを確認する（意見交換）	話し合い	13:40	13:50	10分
4．クローズ				
・決定事項の確認（ゴールの確認）	確認	13:50	13:53	3分
・アクションアイテムの確認	確認	13:53	13:55	2分
・振り返り（感想の共有）	シェア	13:55	14:00	5分
終了				

全体を俯瞰しているつもりでも、時として予期せぬ方向へ進んでしまうことも頻繁に発生します。頭をフル回転させ、その都度、軌道修正を行いながら会議のゴールに導くことが求められます。

　一方、会議に参加するメンバーは、進行に関してはファシリテーターに委ねますが、議題については「意見を述べる」ことが重要な役割となります。
　会議中は、ファシリテーターとメンバー両者の役割分担をしっかり行いましょう。

❸ "場づくり"をできるか

　みなさん、ファシリテーターが眉間にシワを寄せながら難しい顔をして会議を進行していたらどう思いますか？
　あるいは、参加者全員が腕組みをしてイスにふんぞり返ってこちらを見ていたら？　嫌な気持ちになりますよね。当たり前です。
　これは極端な例ですが、上司と部下が会議に同席しているとポジションパワーは出やすいのです。上司の中には、部下に対して「一人前じゃないから、意見なんて聞いてもしょうがない」と内心思っていて、それが知らず知らずに態度に出ている人もいます。

　こんなときも、ファシリテーターの役割の人がいれば平等に行うことができます。
　"場づくり"をするうえで私が心がけていることについては、第7章でも説明します。

03 知っておきたい 会議の5つの種類

そもそも、なぜ、会議をするのでしょう?
考えてみてください。

「売上を伸ばさないといけない!」「原価をどうやって下げる?」
「もっといいやり方はないのか?」「事業戦略を考える必要がある」
「この課題をどう解決しよう?」「お客様からのクレームにどう対応しよう?」
「人材育成はどうする?」「新商品をいつリリースする?」

いくつか例を挙げましたが、会議をする目的は会社や部署により様々あります。

次のページにある図の通り、「会議」には主に5種類あると私は考えています。

ファシリテーションを学ぶには、それぞれの会議の特徴・目的を理解しておく必要があります。

■会議の種類

1 報告・連絡会議

「部会」「課会」など定期的に行われる会議です。情報共有が主な目的なので、上長が中心となり、社員が知っておくべき会社の状況や、提出物のリマインドの伝達・確認事項などを行います。メンバー同士の業務で共有すべき事項をシェアすることも多いです。

　営業進捗会議、予算進捗会議、プロジェクト進捗会議などを指します。上司が部下の仕事の進捗を把握することが主な目的です。メンバー同士がお互いの活動を情報共有・把握することでムダを省き、効率良く仕事を進めることができます。

　実は、この会議は意外と曲者。なぜなら、進捗確認の過程で、予算に対して数字が届いていない、作業が予定通り進んでいないといった場合に、上司からの「指導」が入ることがあるからです。

　部下に「改善策」をその場で求め、それが具体性に欠けると「指導」され

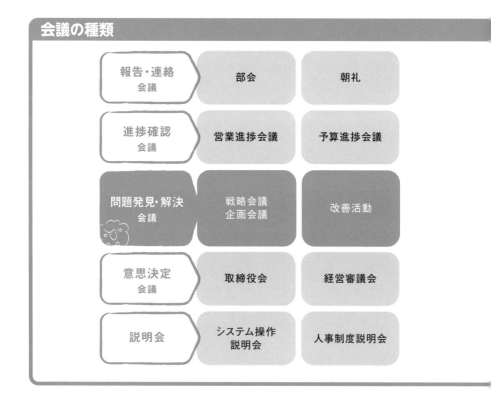

会議の種類

報告・連絡会議	部会	朝礼
進捗確認会議	営業進捗会議	予算進捗会議
問題発見・解決会議	戦略会議 企画会議	改善活動
意思決定会議	取締役会	経営審議会
説明会	システム操作説明会	人事制度説明会

る。そうなると、時間は大幅にオーバーします。1 on 1 ミーティングです
むことを会議で行うようなものですから、その間、指導に関わらない多数の
人は完全に手持ち無沙汰になります。あるいは、全員で1人のために改善策
を話し合うこともあります。

　何を、どこまで行うのかを最初に決めていないため、参加者の多くが消化
不良になり、結果、士気が落ちてしまうことがあります。

3　問題発見・解決会議

議論（ディスカッション）が中心となる会議です。

　企画会議や改善活動などはもちろん、仕事の進め方、やり方など、数人が

- ・報告会議（連絡会議）は、会議参加者同士の情報共有が目的
- ・効率的な組織活動をするために各人が持っている情報を共有する

- ・事業報告や案件の進捗報告を行う営業会議などがこれにあたる
- ・参加者同士の情報共有や組織としての意思決定も行われる
- ・上司が部下を教育することも目的の1つとされる

ファシリテーター必須!
- ・問題を特定する（現状・あるべき姿・ギャップ）
- ・原因を洗い出し特定する
- ・解決策を検討し決定する
- ・活動計画にまで落とし込む（目標・役割分担・スケジュール等）

- ・リーダーが意思決定を行う上で多くの意見聴取する
- ・最終的な意思決定が行われる

- ・会社の制度・仕組み等が変更された際に行われる
- ・通知のみでは伝わりにくい場合、重要な内容において実施される
- ・議論でなく、説明と質疑応答という形で行われる

集まって知恵を出し合って物事を決定していく会議はすべてここに含まれます。会議という呼び方以外に「打ち合わせ」「ミーティング」と呼ばれることもあります。

　まとまらない、決まらない、意見が出ない、長々と話す人が登場する、頭ごなしに否定する、会議の目的が不明確、議題に関係のない参加者がいる、主催者が準備不足……など、会議における"課題のデパート"さながらの様相を呈する、イライラするポイントが多数出現する会議と言えます。
　この会議が最も難易度が高く、ゆえに、本書でこれから述べていくファシリテーターが最も必要とされる会議と言えます。

・戦略会議とは

　営業戦略会議、経営戦略会議など事業の方向性を検討する会議。市場の状況はどうなっているか、競合他社の状況、自社の強みの分析、組織編制、事業ドメイン、経営ビジョンなど検討することは多岐にわたります。組織のあらゆる現状を把握し、あるべき姿を描くという点では問題解決会議のジャンルに当てはまります。

・企画会議とは

　何かの問題の解決方法を考えたり、新たな価値を生み出す会議。プロモーション方法、イベント、新商品開発、社内報制作、採用方法、制度設計などアイデアを出し合って答えを創り出す場。仕事においてクリエイティビティが発揮され楽しくなる場でもあります。アイデア出し以外でも、管理職による部門間調整などの会議もここに含まれます。

・改善活動とは

　仕事のプロセスを見直す会議。原価低減施策検討、ペーパレス化検討、○○業務のプロセス見直し、文房具の管理方法など、あらゆる仕事の進め方を

改善するための会議が当てはまります。仕事の手順には多くの無駄があるので、それらをあぶりだし、常に見直し最適な状態にするのが目的です。どれだけ改善しても改善に終わりはなく、改善活動が文化となっている会社は事業競争力が高くなります。業務改革と呼ばれることもあります。

4　意思決定会議

取締役会議や経営会議など、ある程度用意された議題について判断・意思決定することが主目的です。議題に上がるものは、たいていの場合、根回しがされていることが多く、会議の場で喧々諤々とディスカッションされることは少ないです。

5　説明会

制度変更説明会、システム導入説明会など、会社の制度や仕組みが変更されたときなどに伝達することを主目的にした会議です。

議論が行われることはほとんどなく、主催者がほぼ一方的に話し、最後に質疑応答の時間をとるパターンがほとんどです。

■なぜ会議が増えているのか

最近は、例えば「報告・連絡会議」の一部は、ビジネスチャットなどを活用して対面せずに会議を済ますケースも増えるなど効率化も促進されています。ならば、会議は減りつつあるのか？　と言えば残念ながら違います。

日々の仕事において、売上が伸び悩むという「問題」がある、事業の方向性が見えにくいなどの「問題」がある、組織体制や人事制度などの仕組みに「問題」がある、経営陣と従業員の価値観が大きくずれている「問題」がある、営業力、技術力、マーケティング力などの能力に「問題」があると、仕事の成果には結びつきません。これが会議がどんどん増え続ける原因です。5種類の会議のうち、**特に3の「問題発見・解決会議」が増え続けています。**

冒頭でも、「そもそも、なぜ会議をするのでしょう？」とみなさんに問いかけましたが、答えの多くは、今述べたような何かしらの「問題」が生じているから、というものではないでしょうか。

　ちなみに他の会議にも、「問題の芽」が潜んでいる可能性はあります。
　例えば、「進捗確認会議」を行ったところ、遅れ気味の案件が発覚。それが「問題」だと判断されたら、「問題発見・解決会議」へシフトして会議をするといったことはあり得ます。

　私は、仕事の多くは、「力仕事」「作業系の仕事」「問題を解決する仕事」の３つに分けられると思っています。
　しかし今、ＡＩの登場が大きな変革をもたらし、それが会議にも大きな影響を与えているのです。
　「力仕事」の多くはこれまでも機械がカバーしていましたが、今では「人の手」が相当数の工程で不要になりました。
　「作業系の仕事」もそうです。伝票整理をはじめとする「事務処理／事務作業」と呼ばれる仕事は、ＩＴ化された時点で「人の手」の入る部分は大幅に減りましたが、ＡＩはそれを加速させました。今、パソコン内にあるソフトウェア型のロボットが代行するRPA（ロボティック・プロセス・オートメーション）により定型作業などの業務は完全自動化が進んでいます。大手銀行のリストラのニュースが頻繁なのは、フィンテック（金融＋テクノロジー）により「人の手」が不要な箇所が激増しているからです。

　こうして「力仕事」や「作業系の仕事」が減った結果、増えている仕事が「問題を解決する仕事」です。
　これまでなら管理職以上が考えていたような問題が、どうしたら改善できるのか？　どうやれば変わるのか？　を社員１人ひとりに任される機会が増

えてきたのです。

　これらの背景を踏まえて、**本書ではこの「問題発見・解決会議」を中心に
ファシリテーションスキルについてお届けいたします。**

「問題発見・解決会議」を円滑に進行できるようになれば、このスキルを応
用して他のタイプの会議も問題なく回すことができるようになります。

リーダーがファシリテーターでも大丈夫？

　よく質問されることの1つに、「（チームの）リーダーがファシリテーターをやったほうがいいのか？　それとも、違う人を立ててやるべきなのか？」というのがあります。

　リーダーゆえに中立的な立場をとることが難しく、リーダーとしての自分の意見を押し通したくなるというジレンマを抱く人が多いのです。

　結論から言うと、会議においては、リーダーがファシリテーターを兼任するのが望ましいと思います。

　理由は簡単で、会議の主催者がリーダーであることが多いから。どのような議論をしたいのか、メンバーからどんな意見をもらいたいのか、一緒に考えたいのかといった会議を設計するのがリーダーでもあるので、当然進行も担ったほうがスムーズだからです。

　「自分の意見を押し通したくなる」という部分ですが、これは本当に難しいところ。

　リーダーとして仕事の責任を担っているのですから、部下を束ね、統率するのは当然だからです。

　ここで思い出してもらいたいのが、良い会議の条件の1つの「納得度」です。リーダーとして自分の意見で決定するというよりも、メンバーが決定事項に納得し、高いパフォーマンスを出してくれるかという部分について考えてみてください。

　この点を意識すれば、きっとリーダーとしての意見も持ちながら、メンバーの意見を尊重した納得度が高い意思決定ができるはずです。

　自信を持ってファシリテーターをやりましょう！

第 **2** 章

ファシリテーターに重要なアジェンダのつくり方

01 まずは、会議の大きな流れとファシリテーターの役割を理解しよう

会議を時間軸で分けると、大きく2つに分けられます。

> ・事前準備（会議をデザインする）
> ・会議中（進行管理と場づくり）

■事前準備

　会議前に、テーマについて第1章で伝えたアジェンダをつくります。アジェンダとは、「会議の進行表（設計図）」です。会議の目的（ゴール）が明確に記入されており、そのゴールを達成するためにどんな議論をするのかが綿密に組み立てられているものです。

　分刻みで時間も設定するため、アジェンダを見れば誰もがその日の会議がどのように進行するのか、議論された内容がどのように整理されるのかが一目でわかります。

　参加者の時間をムダにしないためにも、アジェンダの事前準備は主催者のマナーと心得ましょう。

　ある「問題」をテーマに話し合うとき、どのような順番で進め、どのように議論すれば結論に至り、参加者全員が納得できるのかについてもおおよそ設計しておく。アジェンダを作成するときは、必ずゴールを策定します。

■会議中（進行管理と場づくり）

　会議中は、アジェンダをもとに進行します。参加者全員が本音を言えるよう場づくりを行うこともファシリテーターの役割です。ゴールにたどりつくため、「問題」に対する原因の洗い出しを行い、解決策について考え、合意

形成するまでがファシリテーターのやるべきことです。会議終了後は、みんなで「振り返り」の時間を持つことがファシリテーターとしての"腕を上げる"ことにつながっていきます。本章では、主に「事前準備」と「会議中」についてお伝えします。

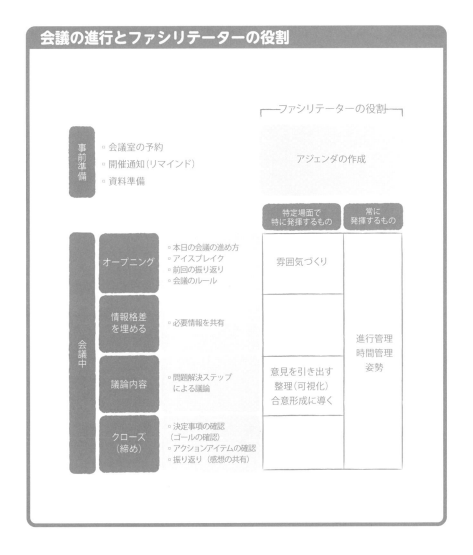

会議の進行とファシリテーターの役割

┌──ファシリテーターの役割──┐

事前準備
- 会議室の予約
- 開催通知(リマインド)
- 資料準備

アジェンダの作成

特定場面で特に発揮するもの	常に発揮するもの

会議中

オープニング
- 本日の会議の進め方
- アイスブレイク
- 前回の振り返り
- 会議のルール

雰囲気づくり

情報格差を埋める
- 必要情報を共有

議論内容
- 問題解決ステップによる議論

意見を引き出す
整理(可視化)
合意形成に導く

クローズ(締め)
- 決定事項の確認(ゴールの確認)
- アクションアイテムの確認
- 振り返り(感想の共有)

進行管理
時間管理
姿勢

意見を引き出す
議論の進め方

　活発な意見を引き出すには、議論の進め方を知っておく必要があります。**議論のプロセスは、まず参加者から意見を集め、それを整理し、方向性を決断・合意形成するという3段階の流れになります。**

合意形成の流れ

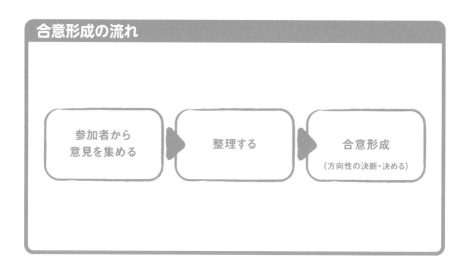

■参加者から意見を集める

　そもそも、Googleで検索すればたいていのことは調べられるのに、なぜ、社員が集まって意見を交わす必要があるのでしょうか。答えは、簡単です。"ググっても答えが載っていない情報"を持っているからです。

　現場で働く社員は、お客様の課題、職場の課題、うまくいっていること、向かうべき方向性など、一番多くの情報を持っています。会社にとって最も大切な情報はネットではなく、社員の頭の中にあるのです。

　ですから**会議では、頭の中の情報をファシリテーターがいかに引き出せる**

かがポイントになります。

　参加者から偏りなく、限られた時間の中でどれだけ多くの意見を集めることができるかが会議の良し悪しを左右します。

■意見を整理する

　出てきた意見を「整理」する。これもファシリテーターの重要な役割です。人は、情報がある程度、整理されていないと「決断・判断」ができません。整理するためには、ある程度の情報は「可視化」されていなければなりません。

　ただ「話し合う」会議では、整理はまず不可能です。議論は、可視化しカテゴライズしなければ、話は堂々巡りとなるため、整理して決断することは難しいのです。整理の仕方については第5章でお伝えします。

■合意形成（方向性の決断・決める）

　意見を引き出すことができ、ある程度整理することができたら、**最後は**「合意形成」（方向性の決断・決める）を行います。

　合意形成のポイントは、決定事項に参加者が納得しているかどうかです。

　この流れを会議の中で行うためにアジェンダが必要になってくるのです。アジェンダについては次の項でお話しします。

03 事前準備するアジェンダ作成で80%会議の成否が決まる！

　私は、30分以上の会議でアジェンダがない会議には参加しないと決めています。そのぐらい、会議にはアジェンダが重要です。

　研修などでこの話をすると、「うちはちゃんと作っていますよ」と見せてくれるアジェンダは、次のようなものが多いです。

よくあるアジェンダの例

日時:○月○日(月)13:00〜

場所:○○会議室

メンバー:職場の雰囲気改善プロジェクトメンバー

議題:

・職場の雰囲気改善策の検討

・実施事項の決定

・スケジュールと役割分担について

これは、残念ながらアジェンダとしてまったくもって不十分です。

そもそも、会議のゴールがどこにあるのかがはっきりしません。「職場の雰囲気の改善策の検討」とありますが、職場の雰囲気が悪かったなら、それについて「原因を考える」という手順を踏むべきですが、このアジェンダからはそれが見えません。

また、「実施事項の決定」とありますが、実施事項は、そんなに簡単に導き出せるものではありません。「スケジュールと役割分担」についても同様です。

多くの会社がこうしたアジェンダをとりあえず配って会議を始めるので、おそらく職場の雰囲気の改善策について誰かが話し始めたら、いっせいにああでもない、こうでもないと言い出し、結局、何が決まったのか、決まっていないのかがよくわからないまま終わってしまうのです。

■アジェンダの構成

私の作成するアジェンダは、次のような構成になっています。P37にある図を見てください。

1 会議名称 会議名を記入します。

2 会議基本情報 日時、場所、参加者名、ファシリテーター名を記入します。

3 会議の目的・ゴール（超重要・必須）

会議の目的・ゴールをできるだけ明確に記入します。

アジェンダを作成するときに最初に考える部分であり、参加メンバーの選定、議題の構成などすべての基準となるものです。目的とゴールは別物だと考えられることも多いですが、ここでは「会議で何がしたいのか？」を明確にすることが重要なので、問題解決型の会議の場合には目的とゴールを分け

ずにまとめて書いても大丈夫です。

　ポイントは、「○○についての意見交換」「××についてのフィードバック」といった曖昧な表現ではなく、**「会議で何がしたいのか？」について具体的に書くこと**です。

　例えば、次のようなものです。

・○○における方針・方向性を決める
・○○の現状について整理・可視化する
・提案書に載せるべき「要素」を洗い出す
・新入社員研修のコンセプトを決める
・副業の導入における懸念事項を整理・可視化する

　目的やゴールが曖昧なままだと、必ず会議自体も曖昧なままで終わってしまいます。アジェンダによって参加者が会議の目的やゴールを共有することで、会議の課題として多くの人が感じる「会議の目的不明確」は解消されます。

4　進行内容

　続いて、アジェンダの中にある「進行内容」について確認します。

　ここは、目的・ゴールを達成するためにどのような議論をすべきかを踏まえて構成します。その内容は、**「オープニング」「情報格差を埋める」「議論内容」「クローズ」**の４つの議題です。

5　タイムスケジュール

　タイムスケジュールには、議題ごとに、○時○分～○時○分という時間設定及び所要時間が一目で分かるように記入します。

　「約○分」や「○時○分頃」といった表現ではなく、５分刻みで具体的な数字を記入することで、会議当日の時間厳守への意識が高まります。

アジェンダの基本フォーマット

項目	詳細
会議名	1 会議名称
日時 場所 参加者 ファシリテーター	2 会議基本情報
会議の目的・ゴール	3 会議の目的・ゴール

進行内容	タイムスケジュール
4) 進行内容 オープニング ・本日の進め方 ・アイスブレイク ・前回の振り返り 情報格差を埋める 議論内容 問題解決ステップによる議論 クローズ ・決定事項の確認（ゴールの確認） ・アクションアイテムの確認 ・振り返り（感想の共有）	5) タイムスケジュール 所要時間

ファシリテーターに重要なアジェンダのつくり方　第 2 章　37

会議中の進行

　会議の進行にも流れがあります。前ページの 4 進行内容 の中にあった**オープニング→情報格差を埋める→議論内容→クローズ（締め）**です。それぞれの詳細については以下の通りです。

■オープニング
「オープニング」は、1時間の会議では5分程度使います。

本日の進め方
　参加者にアジェンダを見せながら、会議の流れとゴールの確認をします。参加者が「今日は、こんなことをするんだな」と改めて確認することで、目的やゴールという情報を共有します。「問題発見・解決会議」の場合、どの箇所について話し合い、どこまでを決めるのかも明確にしておきます。
　アジェンダの共有は、当日で構いません。もちろん、事前に「会議の目的」は伝えておきましょう。

アイスブレイク
　文字通り「氷を壊す」の意味で、初対面同士が出会うとき、その緊張を取り除くための手法です。初対面であれば自己紹介になりますが、気心の知れた社内の人間同士の会議であれば、「最近あった面白いこと」や「週末は何してた？」など、仕事に関係ないことで構わないので聞いてみます。**これは、ファシリテーターの場づくりの一環です。**貴重な時間を使ってでもやるのは、本題に入る前にリラックスした雰囲気づくりをするためです。

実際の会議のスケジュールを書き込んだアジェンダ

項目	詳細				
会議名	職場の雰囲気改善プロジェクト　（第一回）				
日時 場所 参加者 ファシリテーター	20××年×月×日（×）　13：00〜14：00 ○○会議室 職場改善プロジェクトメンバー（5名） Aさん（リーダー兼ファシリテーター）				
会議の目的・ゴール	職場の雰囲気が悪いということが「本当に問題なのか」検証する！				

進行内容		タイムスケジュール		
		進行目安		所要時間
1．オープニング				
・本日の進め方	説明	13:00	13:03	3分
・アイスブレイク（プロジェクトへの意気込みを一言）	シェア	13:03	13:05	2分
・前回の振り返り（初回なので割愛）	-			
2．情報格差を埋める				
・職場の雰囲気改善PJ発足に至った背景（復習）	説明	13:05	13:10	5分
3．議論内容				
・職場の雰囲気が悪い現状を洗い出す！	洗い出し	13:10	13:20	10分
→ホワイトボードに書き出す（カテゴライズする）	整理	13:20	13:25	5分
・こんな職場最高！を洗い出す	洗い出し	13:25	13:35	10分
→ホワイトボードに書き出す（カテゴライズする）	整理	13:35	13:40	5分
・現状とあるべき姿のギャップを確認する（意見交換）	話し合い	13:40	13:50	10分
4．クローズ				
・決定事項の確認（ゴールの確認）	確認	13:50	13:53	3分
・アクションアイテムの確認	確認	13:53	13:55	2分
・振り返り（感想の共有）	シェア	13:55	14:00	5分
終了				

※P19と同じものを掲載しています

　2回目以降なら前回の内容を忘れているメンバーもいるので、簡単に振り返りをします。

■情報格差を埋める

　会議の主催者、管理職、営業担当者、制作担当者など、参加者の立場によって、情報量に格差があります。議論を行う際には、議題の背景や現状など、参加者間で必要情報が共有されないと議論が進まない恐れがあります。例えば、「プロジェクトが立ち上がった背景」「お客様の方針や予算」「市場環境の変化」「競合他社の状況」などが、共有すべき事項にあたります。その場合は、最低限共有しておくべき事項をあらかじめ整理して、**議論がスタートする前に情報格差を埋める時間を取ります**。アジェンダに記載するタイトルは「○○の背景」「○○の現状」「○○の調査結果」といった感じにするといいでしょう。

■議論内容

　会議の核心部分。デザイン（設計）の部分です。会議のゴールを達成するためにどのような議論をしたらいいかを順番も含めて設計します。

　具体的には、議題が「問題解決ステップ」のどの段階にあたるのかを把握し、「議論プロセス」のうち「意見を集める、整理する、合意形成する」のどの手法を使うのかを考えます。そのうえで、**自分がどのような問いかけをすれば、どんな話し合いが進むのかをイメージします**。ここは重要な部分ですので、会議の情景をありありと思い描けるまで考え抜きましょう。

　問題解決と議論プロセスについては、第3章で詳しく説明します。

■クローズ（締め）

　会議の最後に、決定事項と参加者の今後のアクション（アクションアイテム）について、しっかり確認しましょう。丁寧に確認を取ることで、決定事

項を実行してもらえる確率が高まります。また、**振り返りとして、会議全体に対する「感想の共有」をします。**実際には「最後に今日の会議の感想を一言ずつ共有して終わりましょう！」といった感じで問いかけるのですが、ここは参加者の会議に対する納得度をチェックする重要なポイントになります。決定事項等に納得していない場合は、声が小さかったり、ネガティブな発言だったり、表情が曇っていたりなど、**必ずサインを出してくるものなのです。**参加者の納得度がわかれば、今後のアクションや会議での対処法もわかります。そのため、ここも疎かにせずに時間をとることが重要です。

　このアジェンダを見れば、当日の会議で、どのような議論が展開されるのかイメージできるのではないでしょうか。
　アジェンダはファシリテーターにとって脚本を書くようなもの。アジェンダを作成するときは、「議論の時間配分に無理はないか？」「このステップできちんとゴールにたどりつくかな？」など思考をめぐらせながら完成させます。経験上、イメージが湧かないままに仕上げたアジェンダをもとにした会議は、多くの意見が引き出せないまま終わったり、詰め込みすぎて駆け足で最後までいってしまうことが多く、反対に会議の始まりから終わりまで、イメージが強くわくようなアジェンダが作成できたときほどうまくいきます。

　つまり、**先ほども話したように、会議の成否はアジェンダ作成で80％が決まります。**作り慣れない最初の頃は難しく感じるかもしれませんが、うまくできなくても構いません。時間配分を見誤ることがあっても構いません。「30分以上の会議にはアジェンダが必要」と心得て作成してみてください。
　参加者の貴重な時間をいただくわけですから、しっかり事前準備して臨むのはファシリテーターとして最低限の礼儀でしょう。
　アジェンダの作成時間ですが、1時間程度の会議であれば慣れてくると10分〜15分程度で作成できるようになります。最初のうちはもう少し時間がかかってしまうかもしれませんが頑張って作成しましょう。

05 初回の会議のときは、「会議のルール」を決める

初めて開催する会議ではルールを決めることをお勧めします。

会議のルールとは、参加者に「してほしい行動」と「してほしくない行動」をあらかじめ伝えておき、その情報共有をするというものです。

新たなプロジェクトを発足し、会議も増えそうだったら、この「会議のルール」について1度話し合う場を作り、みんなで決めるといいと思います。誰かの作成したルールは誰も守りませんが、自分たちで決めたルールなら、遂行しようと思えるからです。

私が思う「してほしい行動」と「してほしくない行動」は次のようなものです。

「してほしい行動」
- 意見は簡潔に述べる
- 人の話は最後まで聴く
- 積極的に発言する
- 時間厳守
- うなずく、反応する
- 集中する
- お互いを尊重する

「してほしくない行動」
・人の意見を否定する
・長々としゃべる
・個人攻撃
・内職
・無反応
・発言しない
・話を脱線させる

「してほしくない行動」は、会議の悩みにも挙がるポイントです。ただし、これは、私が思う「してほしくない行動」。

　会議の内容や、ファシリテーターの考えなどにより変わりますから、参考程度にしてください。
　定期的に行う会議があれば、事前に参加者全員が納得できるルールを決めておきましょう。

第 3 章

ファシリテーターが知っておくべき議論の進め方と問題解決のステップ

01 「問題を解決」するために 「原因」を探ろう

　第1章でご紹介した5種類の会議のうち、「問題発見・解決会議」が増えているとお伝えしました。会議のプロであるファシリテーターは、問題解決の基本について学んでおかなくてはいけません。

　この章では、どうすれば問題が解決するのかについてお伝えしていきます。

　「問題発見・解決会議」とは、具体的には、戦略会議、企画会議、改善活動などを指します。

　問題を特定し、原因を洗い出し、解決策を検討・決定する会議です。

　問題の解決策が決まったら、上司や部下、関係者にわかりやすく説明し、その案件についてチームで仕事を進めていくことになります。

　これまで多くの企業の「問題発見・解決会議」を見てきましたが、問題の解決策までたどりつかずに終わってしまうケースがとても多いと実感しています。

　問題の解決策にたどりつく場合も、なかなか解決策が決まらないことに業を煮やした上司の鶴の一声で強引に決まってしまうなど、参加者にとって不本意な形でまとまることも少なくありません。

　なぜ、問題の解決策までなかなかたどりつかないかというと、**たいていの場合、「原因の洗い出し」をすっ飛ばして、いきなり解決策を話し合うからです**。だから、なかなか決まらないのです。

　例えば「業績が低迷している」という問題について会議をするとき、いきなり「業績が低迷している状況を解消するにはどうすればいいのか」と解決策を話し合います。

すると、「営業に力を入れたほうがいいんじゃないかな？」と解決策を提案する人に対し、「営業じゃなくて、人手不足のほうを先に解消するべき」と業績が低迷する原因をいう人が現れ、「人手不足じゃないよ。残業が多いからパフォーマンスが落ちてるんだよ」とこれまた原因にフォーカスする発言をする人がいて、今度は「マーケティングをもっと活用しようよ」「お客様へアンケートをとってみようよ」などと解決策もポンポン飛び交う……。

　こんな感じで、問題の原因と解決策がごちゃ混ぜになり、"ごった煮"の様相を呈してきます。

　さらには、「そもそも業績が低迷したっていうけど、確かに先月に比べて落ちたけど、対前年比では……」と、問題自体に疑問を投げかけてくる人まで現れると、各自バラバラの答えしか出てきません。

　これでは、まとまるものもまとまりません。

　しかし、「業績が低迷している原因」が、「中途採用した営業の教育が行き届いていないことにある」と洗い出せれば、「営業の教育を行き届かせるためにどうすればいいか？」とテーマを絞り込んで解決策を話し合うことができます。

　「ベテラン営業マンと2人で行動してみる」「マニュアルが頭に入っているかテストしてみる」など「営業の教育」という視点でアイデアを出せるので、混乱せず、かつ、的確な答えが出るのでスムーズに会議は進むのです。

　そのように導くためには、ファシリテーターはいかに問題解決するかのスキルを身につけておく必要があります。

02 「問題」は現実と理想とのギャップ

　仕事をしていて「問題」が出てくるのはなぜでしょう？

　その理由は、本来の「あるべき姿」とギャップを感じるからです。

　問題とは一見、なにかの不具合のように捉えることが多いかと思いますが、あくまであるべき姿、理想の姿があったうえで、その状態に現状が届いていないため「ギャップ」が生じます。

　例えば、「売上が低迷している」という「問題」があるなら、本来の「あるべき姿」は、その反対の「売上が伸びている」状態のはずです。

「社内の雰囲気がギスギスしている」という「問題」があるなら、本来の「あるべき姿」は、話しやすい社内の雰囲気で周囲との関係性も良好な状態を思い浮かべるはずです。

　つまり「問題」を解決するためには、「あるべき姿」と現状のギャップにスポットを当て、そのギャップを埋めるには何をすればいいのかを考えていけばいいのです。

　　問題＝あるべき姿－現状

「問題がわからない」「何から取り組んでいいかわからない」という声を聞くことがありますが、これは、ある意味で当然のことです。

　なぜなら、何が「問題」かを知るためには、現状を正しく捉えて、あるべき姿を描く（イメージする）、ことが必要だからです。「あるべき姿」は思い切って、現状から想定範囲内で収まるものではなく、「こうなったら素晴らしい」と思うような高い理想を描きましょう。あるべき姿を高く描くほど現状とのギャップが浮き彫りになり、問題を発見しやすくなります。

　問題を解決するための第一歩は、問題を正しく捉えることです。このこと

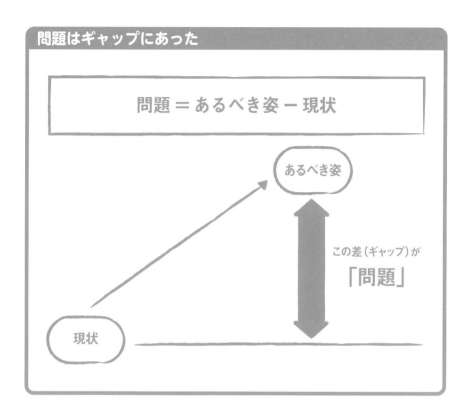

問題はギャップにあった

問題 ＝ あるべき姿 － 現状

あるべき姿

この差（ギャップ）が
「問題」

現状

については、この章で詳しくお伝えします。

　問題を上手に捉えて日々改善に取り組んでいる人は、このあるべき姿を高く描くことが上手な人です。

03 問題を解決するには ステップがある

　「問題」を「解決策」まで導くには、然るべきステップを踏む必要があります。

　多くの人がこのことを知らないから、会議にまとまりがなくなり延々と時間を費やしてしまうのです。

　ここでは、私オリジナルの「問題解決のフレームワーク」をご紹介します。問題発見、原因分析、解決策の選定、計画の策定の４つのフェーズに分かれ、全部で８つのステップがあります。

　「問題」を解決まで導くには、問題を特定し、原因を洗い出し、解決策を検討・決定するという大きな流れがあることがわかると思います。

問題解決ステップ

問題発見

- ❶ 現状把握
- ❷ あるべき姿を描く
- ❸ 問題を捉える

▼

原因分析

- ❹ 原因の洗い出し
- ❺ 主原因の特定

▼

解決策の選定

- ❻ 解決策の洗い出し
- ❼ 解決策の選定

▼

計画の策定

- ❽ 活動計画の策定

04 混ぜるな危険！1つのステップに絞った議論をするべし

　会議で「問題」について話し合うときのコツは、今、述べてきた「問題解決フレームワーク」のうち、現状とあるべき姿のギャップ、問題の原因、問題の解決策を明確に分けて、それぞれについて議論することです。

　この問題解決の流れで最も重要なことは「順番」です。

　たとえば、ある会社では、営業の売上が伸び悩んでいるとします。その原因は環境の変化、営業担当者のスキル不足、部門間の連携不足、新製品の投入不足、競合他社の台頭などたくさん考えられます。

　しかし、営業部長はこの中でも自分たちで解決することができる「部門間の連携不足」を解消したいと考えました。

　そこで営業、制作、マーケティング、研究開発部門のそれぞれの課長を集めて、売上拡大につなげるために「部門間連携不足を解消する」ための施策を検討するように指示をしました。

　私の経験から言うと、このような状況で会議を行うのは危険。次のような"ごちゃ混ぜ"の話し合いが展開されることがあります。

営業課長

> じゃあ、部門間連携不足を解消するためのアイデアを出し合いましょう

> お互い取り組んでいることを共有する会でもしますか？

制作課長

> それって効果あるのかな……

マーケ課長

私はそこそこ連携できていると思っていますけど……

研究開発課長

戦略のベクトルが揃っていたら競争力は上がりそうですよね

営業課長

部署の場所も離れているし、なかなか話し合う時間がたりない
かもしれないね

制作課長

そもそも世の中が不景気なんだよ

マーケ課長

全員　　……

　口火を切った営業課長が解決策の話し合いを提案すると、それに制作課長が答えたかと思えば、マーケティング部の課長に「効果があるのかわからない」と否定されます。

　今度は「そこそこ連携できている」という研究開発課長が現状認識について言い出すと、営業課長は理想論を語り、制作課長は原因分析を始め、またもマーケ部の課長が「そもそも不景気だ」と脱線。全員が黙り込み、雰囲気が悪いまま、結論もうやむやのまま会議は終わってしまいました。

　会議に参加したメンバーが、思い思いのことを話していてラチがあきません。ここで一番問題になるのが、順番です。

　先ほど、問題解決フレームワークをお見せしましたが、「①現状把握」「②あるべき姿を描く」など、8つのステップがありますが、この会議例では、ステップ6の話をしている人がいるかと思えばステップ4を言い出す人が出

てきて、ステップ1が唐突に割り込み……。といった具合に、あちこちに飛びまくっています。

　順番を意識せずに思い思いのことを言いたい放題なので、せっかく会議を開いてもまとまらないことが多いのです。

　どのメンバーも間違ったことは言っていないのですが、様々なステップが入り乱れているため、網羅性がなく、かつ、次々に移り変わるため、内容も薄くなってしまいます。

　さらに見える化もされていないため、誰が何を話したのかを忘れてしまうので、同じような話が延々と繰り返されることがあります。問題解決のステップを踏んで問題解決をするときのコツは、ただ1つ。

　1つのステップに絞った議論を行うことです。

　いくつものステップをごちゃ混ぜにするのは、"混ぜるな危険"。この混ざった状態が、脱線する元なのです。

　問題解決の順番を意識し、ステップ1から順番に進行していく。これがファシリテーターの重要な役割となります。会議の設計をするときのキモになります。

問題解決の流れ

　では、問題解決の流れを詳しく見ていきましょう。

　先ほどの「部門間連携不足を解消する」という問題の解決を例に、フェーズごとに解説していきます。P58のページの図と合わせて読んでみてください。

■**問題発見**

「問題」を解決するには、まず問題をしっかり捉えることが何より大切です。「問題」は「あるべき姿−現状」だと、先ほどお話ししました。現状を把握し、あるべき姿を描き、そのギャップからどこに問題があるのか捉えていきます。

「現状」や「あるべき姿」をそれぞれ分けて考え、丁寧に議論して、初めて何が「問題」かを把握し、参加者全員で共有することができるようになります。

　問題を発見するためには、現状を網羅的に把握する必要があります。この網羅的に把握するということがポイントです。

　1人の人に「網羅的に把握しろ」と言っても、見えている部分は一部です。

　しかし、4〜5人いたらどうでしょう？　それぞれ気がつくポイントが違うので、かなり網羅的・立体的に捉えることができるようになります。ですので、会議の場では、できる限り全員から意見を引き出すことが大切です。

　私が「部門間連携不足を解消する施策を考える」会議のファシリテーターなら、まずは現状把握として、次のような問いを投げかけます。

ファシリテーター

問い：部門間の連携が悪いと感じる部分をありったけ教えてください

似たような調査を複数の部署でしている
どのような強みがある人がいるかを知らない

制作課長

お互い何をしているのかをよく知らない
相手の苦労とかを理解していない

マーケ課長

挨拶すら、あまりしない

研究開発課長

制作部門の目標を理解していない

営業課長

　人それぞれ感じる問題点は異なります。このように、1人で考えるよりも複数人いれば、網羅性を高めることができるのです。自分にとってあまり問題だと思わないことでも、他者の考えを聞くことで気づきを得ることも多いでしょう。また、それぞれの意見をホワイトボードなどにきちんと書き出して可視化することで、意見の重複などで堂々巡りすることを防ぎます。

　こうして「部門間の連携状況」に関する現状把握ができたら、次はあるべき姿を描きます。
「あるべき姿」は、「どうせこんなことできるわけがない」とか「こんな理想形あるわけない」などと制限をかけることは不要です。自分の思うこれ以上ないぐらいの理想を自由に想像してみてください。
　では、その具体例を見てみましょう。

ファシリテーター

問い：「こんな連携ができていたら最高！」と思える状態を教えてください

お互いに取り組んでいる内容を理解している
それぞれのメンバーの強みを知っている

制作課長

気兼ねなく相談できる関係

マーケ課長

一緒に困難を乗り越える仲間意識がある

研究開発課長

それぞれで得た情報がタイムリーに共有される

営業課長

　みんなが「部門間連携が悪い」と感じていたことは、現状とあるべき姿を可視化することで、どんどん具体的になっていきます。

　問題発見フェーズの最後では、「現状」と「あるべき姿」を見比べて、どんなギャップがあるのかを探っていきます。
　数値などに表せるテーマなら、ギャップを積極的に数値化しましょう。今回のように数値化が難しいものは、「現状」と「あるべき姿」それぞれの情景をイメージします。そのギャップが「問題」になります。

■原因分析

　次の原因分析のフェーズでは、その「問題」がなぜ起こったのかを探っていきます。

　ここで肝心なのは、「問題」が見つかったら、一足飛びに「解決」しようと急がないことです。すぐさま解決しようと話し合いたくなる気持ちはわかりますが、その前にやるべきことが「原因分析」です。

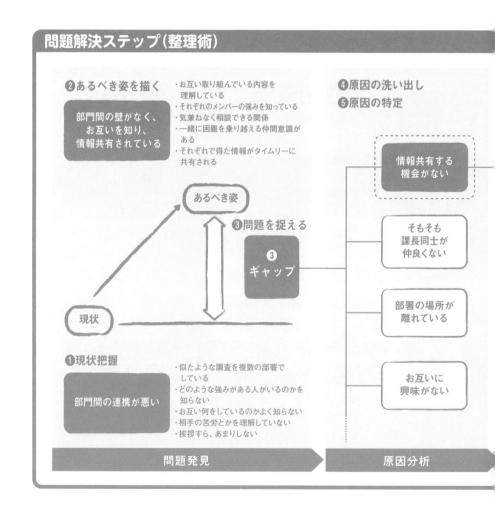

「問題」には、必ず「原因」があります。原因は、重要な原因、軽微な原因など様々ですが、1つの問題に対して複数あり、絡み合っていることがよくあります。

　ここで、強い影響を与えている主な原因をしっかりと特定することが重要です。そうしないと、本来、影響の少ない主な原因以外の細かな原因の解決策をせっせと検討することになりかねないからです。

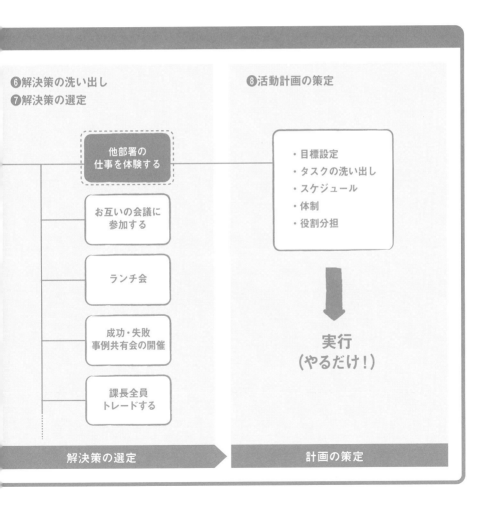

そのため、このフェーズでは、原因を洗い出して、主原因を特定するという段階をきちんと踏みます。

それでは「部門間連携が不足している」という問題に対して、具体的な原因を洗い出していきましょう。

ファシリテーター

問い：現状とあるべき姿が乖離（かいり）している「原因」をありったけ洗い出してください

そもそも課長同士が仲良くない

制作課長

部署の場所が離れている

営業課長

お互いに興味がない

研究開発課長

情報共有する機会が少ない

マーケ課長

「部門間連携が不足している」原因については、人それぞれに原因だと思うものがあり、しかも複数あるため絡み合うものです。それは当然のことですから、ここでは、まず原因を網羅的に洗い出します。それから最も影響を与えているであろう主な原因を特定（決定）します。

すべての原因を解決するのは理想ですが、とても時間がかかってしまうので、それよりも、**一番影響を与えているものについて解決したほうがはるか**

に効率的で、かつ、その後、仕事の結果も出やすくなります。

　上位20％のことが全体の80％を占めるというパレートの法則（80：20の法則）をご存知ですか？　上位20％の原因を潰せば、80％以上解決したも同然という法則です。つまり、原因が10個あるなら、主原因になる上位2個を潰せばいいということになります。

　主な原因を特定することができれば、問題は効率的に解決できるということになります。「主な原因を掴む」ことは手間がかかるように感じますが、そのひと手間をかけることが、結果として効率化にも直結します。「急がば回れ」です。

　ここでは「部門間連携が不足している」原因について「課長同士が仲良くない」「情報共有する機会が少ない」などさまざまな意見が出ましたが、以降は「情報共有する機会が少ないことが主原因だった」と仮定して話を進めていきます。

■解決策の選定

　問題を発見し、主な原因を特定したら、その原因の「解決策の選定」に進みます。ポイントは、1〜2個に特定した主な原因のみを取り扱うことです。何度も言いますが、「問題」を解決するときは、「問題」に対する解決策を考えるのではなく、「原因」に対する解決策を考えます。

　例えば、「部門間連携が不足している」という問題に対して、考えられる原因は課長同士が仲良くない、場所が離れている、お互いのことに興味がない、情報共有する機会が少ないなど、いくつも挙がりました。これらすべての原因について考えると、さまざまな解決策が意見として飛び交います。

　1つの原因に対して、10個程度の解決策は簡単に洗い出せます。ということは、原因が10個あれば解決策は100個になるのです。

　100個洗い出された解決策から主原因を解決する解決策を選ぶことはでき

るでしょうか？

　ほぼ不可能です。

　主原因ではなく、影響度の低い原因の解決策を選ぶ確率が高くなります。影響度の低い原因の解決策をいくらみんなで話し合っても、残念ながら「問題」そのものの根本的な解決には至りません。影響度が低い原因ゆえ、「問題」の枝葉の1つが解決したに過ぎないからです。

　主原因はもちろん、影響度の低い原因だろうが、「解決策」を洗い出す手順は変わりませんから時間も労力もかかります。それは問題解決に対して効率的な方法とは言えません。ですから、「主原因」に絞った解決策の洗い出しと特定が必要なのです。

　それでは「部門間連携が不足している」主な原因が「情報共有する機会が少ない」ことだったとして、どのように解決策を選んでいくかを見ていきましょう。

ファシリテーター

問い：情報共有するためのアイデアをありったけ出してください！

お互いの会議に参加する

制作課長

ランチ会

マーケ課長

他部署の仕事を体験する！

研究開発課長

成功・失敗事例共有会の開催

営業課長

課長全員をトレードする

制作課長

　ここでは、アイデアをとにかくたくさん出すことが重要です。問題解決の流れの中でも、解決策を考えることはクリエイティビティが発揮される楽しい作業です。

　出てきたアイデアへの評価（良い・悪い）は一切せずに、制約条件をすべて外して、自由な発想で出すことがポイントとなります。

　アイデア出しの手法で非常に有名なのが、「ブレスト（ブレインストーミング）」です。ブレストをする際は以下のことに気をつけましょう。

ブレスト

- ・質より量！（１つひとつのアイデアの質より、圧倒的な量を出すことを優先する）
- ・批判厳禁！（出てきたアイデアに対して批判する、評価するのは厳禁）
- ・自由奔放！（突拍子もないアイデア大歓迎）
- ・便乗歓迎！（既存アイデアからの連想もOK）

　こうして洗い出されたアイデアの中から、実際に取り組むべき解決策を選定するフェーズです。

　実現可能性、費用対効果、予算などと照らし合わせて１〜２つに絞り込みます。ここで決定した解決策が、その後の仕事で取り組むべきことになります。

　このように問題を発見し、主に原因を特定し、解決策を決定する手順を踏

むと、「問題」の「解決策」を喧々諤々話し合うよりも「主な原因」を掴み、その解決策を話し合うほうが、はるかに精度の高い解決策を導き出すことができます。

「時間がないから」という理由で手順を踏んだ議論を飛ばし、先に進めてしまうと、成功する確率は大幅に低下します。

特に、これまであまり取り組む機会のなかった仕事をするのなら、ここで伝えている流れ通りに進めていくことを強くお勧めします。

■計画の策定

最後のフェーズでは、取り組むべき「問題」の「解決策」を実行するためにすべきことを決めていきます。**具体的には、目標を設定し、タスクを洗い出し、役割分担を行います。**

部門間の連携が不足する主な原因である「情報共有する機会が少ない」ことについての「解決策」として、「お互いの会議に参加する」「ランチ会」「他部署の仕事を体験する」「成功・失敗事例共有会の開催」「課長全員トレードする」などいろいろな案が出ました。

このうち、「他部署の仕事を体験する」という「解決策」について具体的に取り組むことになったとします。「他部署の仕事を体験する」では、具体的にいつまでに、どのくらい実行するのか？ といった、いわゆる「目標」を定めないと仕事として成立しません。次に、この解決策の目標を明確にすることについて議論していきます。

目標を設定する場合は、5W1H を基本として明確化します。

5W1H とは、Who（だれが）、When（いつ）、Where（どこで）、What（なにを）、Why（なぜ）、How（どのように）を指し示す言葉です。

「他部署の仕事を体験する」にいかに取り組むのか、5W1H を使って具体的に説明すると以下のような感じになります。

- Who（だれが）：メンバー100人のうち30％の30人が
- When（いつ）：4月〜6月の3カ月間で
- Where（どこで）：各部門が用意した体験場所で
- What（なにを）：お互いの業務を
- Why（なぜ）：お互いの業務・考えを理解するために
- How（どのように）：実際の仕事を通じて体験する

このように、誰が聞いても同じ解釈ができるレベルで目標を定めます。

ここが曖昧だと、その後のタスクの洗い出しができず、仕事が終了したときも評価することができません。「いい仕事」には「いい目標」がつきものです。

SMARTというフレームワークも、「良い目標」を設定するのに役立ちます。参考にしてください。

SMART

- Specific（具体的か）：明確で具体的である
- Measurable（測定可能か）：成果が計測可能である
- Achievable（達成可能か）：達成可能な範囲である
- Relevant（関連性があるか）：会社や組織の目標に関連する内容になっている
- Time-bound（期限があるか）：期限が定められている

5W1HやSMARTといったフレームワークを活用しながら、解決策の目標設定を明確にしましょう。

目標が明確になったら、その目標を達成するためのやるべきこと＝タスクを洗い出します。

ここでのタスクの洗い出しは、リーダー1人で行うことが多いですが、ヌケやモレが発生しやすいというデメリットがあります。そこで、会議の中で、参加者にタスクの洗い出しを一緒にやってもらうほうが効率的です。

ファシリテーター

問い：「他部署の仕事を体験する」を実行するためのタスクを洗い出してください

計画の立案、予算獲得、社内周知

制作課長

各部門での体験プログラム作成、日程調整

営業課長

キックオフ、参加者募集

マーケ課長

実施アンケート調査、終了後の打ち上げ

研究開発課長

　など、みんなで洗い出せば、何をすればいいのかが明確になり、タスクのヌケモレを減らすことができます。

　例えば、研究開発課長が発言した「終了後の打ち上げ」は、一見、「他部署の仕事を体験する」に必要なこととは無関係に感じます。しかし、実際には「ご褒美を楽しみに頑張ろう」という発想で頑張れるメンバーはたくさんいます。こうした“ゆるいアイデア”は、リーダー1人で考えているときは、なかなか思い浮かばないものですが、複数の参加者がいるからこそ出てくるものです。意外に効力があります。

　仕事は、スタート前にどれだけすべきことがあるか、それに伴いどんなリ

スクがあるのかを把握し、いかにイメージできるかで結果に差が出ます。

　そのためには、タスクは具体的、多面的であるほどいい。参加者全員の力を借りていきましょう。

　タスクの洗い出しが終わり、あとは役割分担さえ決めてしまえば、仕事はスタートできます。ここで役割分担まで決めてしまいましょう。

「他部署の仕事を体験する」は効果があるのか？　と思われる方もいるかもしれませんね。もちろん、実際に行う際は、さらに深堀して、効果的なものに磨き上げていくことが前提です。「他部署の仕事を体験する」は、本来の目的である「コミュニケーションが活性化し風通しの良い職場になる」以外に、以下のようなことが期待できるでしょう。

1、仕事体験のプログラムを各部門の若手に企画してもらうことで、若手は自分の担当している業務の理解も深まり、先輩社員とのコミュニケーションも期待できる。

2、全部門でプログラムが完成すれば、新入社員や中途採用者研修にも活用できる。

3、仕事に誇りが持てるようになる。管理部門は、縁の下の力持ち的な役割だが、他部署の社員に仕事の価値が伝えられ、モチベーション向上に。

4、お客様へのアピールもできる。お客様へ社員が自信をもって業務について語ればイメージ向上にもつながる。

　このように一見、効果があるの？　と思われる解決策も、磨きをかけることで多くの効果が期待できる施策になります。

column

「問題発見・解決会議」で、使える「問い」は？

「問題発見・解決」会議の現状把握〜解決策までで、多く意見が出てくるフレーズを入れた問いです。ぜひ、実際の会議で使ってみてください。

「現状把握」の場面で
●**問い**　「職場の雰囲気が悪いと感じることを洗い出そう！」
「感じる」という言葉を入れることで、意見を出しやすくなります。「感じる（思う）」「良い／悪い（好き／嫌い）」というのは、「私事（わたくしごと）」なので答えやすくなります。

「あるべき姿」の場面で
●**問い**　「こんな職場だったら最高！　ってどんな職場？」
「最高」という表現を使うと固くならずに自由に考えることにつながります。

「原因を洗い出し」の場面で
●**問い**　「なぜ、こんなギャップが生じると思いますか？」
原因を洗い出すときは、必ず「なぜ」をつけて問いを立てます。

「解決策」の場面で
●**問い**　「○○を解消するためのアイデアをありったけ洗い出してください」
「アイデア」も自由度の高い言葉です。なんでもあり、いろんな意見を言っていいよというニュアンスが出るので解決策で幅広い意見を聞きたいときによく使います。

第 4 章

会議中に
メンバーの意見を
引き出すためには

1人ずつ順番に聞いて、意見を引き出す

「意見が出ない」。

　これは、会議の課題を洗い出すワークを行うと出現率100%のトップクラスの課題の1つです。

　日本中の会社に共通している課題ではないでしょうか？

　当然、私も経験してきました。

　これは、「納得度」にも強く影響しますので避けて通ることはできず、絶対に解決すべき課題です。

　また会議は「意見を集めて」「整理して」「合意形成（決める）」という流れですから、「意見が出ない」のは最初に躓（つまず）くことになり、そもそも会議として成立しません。

　では、「意見が出ない」のはなぜか。

　理由は、2つあります。

　1つは、「意見が本当にない」という場合。

　もう1つは、「意見はあるけど、この場では言うのをやめておこう」と考えて意図的に言わない場合です。

　意見が本当にないのであれば仕方ありませんが、私の肌感覚では、「意見はあるけど、この場では言うのをやめておこう」と押し黙ってしまう人のほうが圧倒的に多いと思います。

　意見があるのに言ってくれないのは、上司に忖度（そんたく）していたり、大勢の前で言いにくかったり、さまざまな理由があると思います。いずれにしても、「意見が言えない」人に対し、対策を打たねばなりません。

　私は、多くの会議に携わる中で、2つの解決策があることがわかりました。

1つは、「1人ずつ順番に聞く」。たった、これだけです。これだけですが、効果は絶大です。

会議に参加したとき、「何か意見のある人はいませんか？」と聞かれた経験はありませんか。これでは、おそらく答える人は限られます。なぜなら、「全員に質問を投げかけている」からです。

全員に質問を投げかけると、「誰かが答えてくれるだろう」と思うので、傍観者が急増します。

人前に出るのが得意なら一部の人は答えてくれます。持論をぶちまけたい人の演説が行われることもあるでしょう。しかし、この聞き方では、発言者に必ず偏りが生じます。

思い切って意見を述べた人も、毎回自分ばかり発言することになったら、「いつも私ばかり……」と思い、次第に発言しなくなります。

こうして全員に質問を投げかけるようなスタイルをとり続けていると、最終的には、誰も意見を言わない、雰囲気の悪い会議の場になってしまい、会議に参加するのが憂鬱になる人が多発してしまいます。

「全員に質問を投げかける」のは最もやってはいけない進行の1つです。

一方、順番に1人ずつ聞く方法なら、必ず自分が発言する順番が回ってくるので傍観者になることは許されません。意見を言えないと仕事ができない人と思われてしまうかもしれないので、会議に真剣に参加します。
「この件について、順番に意見を伺いたいと思います」
「では、○○さんから時計回りでお願いできますか？」

このような感じで問いかけ、順番に答えてもらいます。意見が出ない問題は、この時点でかなり解消できます。

ただし、このやり方は、場合によっては参加者は「意見を言わされている」とネガティブに感じる可能性があります。そのため、次の項では意見を引き出すポイントをお伝えします。

02 メンバーの意見を 最大限に引き出す ７つのポイント

あるべき姿は、「早く発言したい！　早く順番回ってきて！　私の話を聞いて！」と思えるような状態ではないでしょうか。

そうなるためのさらなる工夫としては、次の７つがあります。

■工夫するポイント

1 「答えやすい」質問をする

何を聞いているのかがすぐに理解できないような小難しい質問はNGです。**小学生でも理解できるわかりやすい言葉で質問しましょう。**

私がよく使うフレーズは、次のようなものです。

> ・では、この件に関して「感じたこと」を教えてください
> ・では、この件に関して「気になること」を教えてください
> ・課題だと「思うこと」を教えてください
> ・原因として考えられることを「なんでもいいので」教えてください
> ・解決のアイデアを「自由に」教えてください
> ・どのようなタスクがあるか「思いついたものから」教えてください

難しい内容は一切入っていないのがわかると思います。

また、「気持ち」を聞くことを意識しています。

感じたこと、気になることは、本人の気持ちなので「正解」「不正解」がないため意見を述べやすくなります。

場合によっては、「自由に」「思いついたものから」「なんでもいいので」

など、正解を求めない聞き方をするとより答えやすいと思います。

2 「一言ずつ」というフレーズを入れる

　1人ずつ順番に意見を言ってもらうとき、時間の制約をかけないと延々と話す人が出てくる恐れがあります。

　すべての参加者から意見をもらいたいので、「一言ずつ」という言葉をつけ加えると、テンポ良く進みます。

　私が、「一言ずつ」以外でよく使うフレーズは、

> ・1個ずつ（この場合は何周もする）
> ・1分で

などです。

3 「パスあり」もOKにする

　1人ずつ意見を聞くのが基本ですが、中には、本当に「意見がない」人もいます。傍観者をなくそうとするあまり、逃げ道をすべて塞いでしまうのは息苦しくなる場合があるので、「パスありね！（パスもありだからね）」とライトな感じで一言添えておきましょう。

4 2～3周する

　質問の内容によっては、一言で言い切れない場合、何個もアイデアを持っている場合があるので、何周かするのも良いです。何回も順番が回ってくれば、長々話すことも防げます。

5 笑顔で問いかける

　笑顔が嫌いな人はいません。

6 参加者の回答は絶対否定しない。100%受け入れる

参加者が出してくれた意見は、絶対に否定しない。

これは、ファシリテーターとして会議を進めるうえで非常に大切な姿勢です。

「自分と違う」と感じた意見でも、「なるほど、そういう考えもあるんですね」と、どんな意見でも100%受け入れましょう。

私は、それを意識して訓練し、今では、自分の辞書から「否定」という文字はなくなりました。それほど徹底して、人の意見を「否定しない」を実践してきました。

7 出してくれた意見にポジティブにリアクション

参加者の出してくれた意見は、貴重なアイデアの1つになります。

ファシリテーターは、全力で反応したいものです。

・いいですねー！

・ありますねー！

・なるほどー！

・おお、斜めから攻めてきましたね！

・おお、私では絶対思いつかないアイデアですね！

反応すると、意見を出した人は「受け入れてもらえた」と安心します。1人ひとりの意見をリスペクトするような気持ちで反応していきましょう。

これら7つをまとめると以下のようになります。

「じゃあ、この件に関して感じたことを順番に一言ずつ教えてもらいたいと思います」

「何個かありそうなので、出尽くすまで何周かしましょうか」
「今回もいつも通りパスありにしたいと思います」
「では○○さんから時計回りでいきましょう」「○○さんお願いします！」

このような工夫を加えることで、「早く発言したい！　早く順番回ってきて！　私の話を聞いて！」という状態に近づくと思います。

今すぐできることばかりなので、ぜひトライしてみてください！

ところで、誰もが「意見を述べやすい」状態にしておくことも大切です。**そのためには、「安心安全の場」をつくる必要があります**が、この部分については、後述する「場づくり」のところで解説させていただきたいと思います。

もう1つの解決策は、参加者から大量の意見を短時間で引き出す「ＫＪ法」の手法を使うことです。

ＫＪ法では「意見を集める」と「整理する」の2つを同時にクリアすることができます。

数ある思考法やフレームワーク、ツールの中でも、お勧めの手法となりますので、こちらは第5章で詳しく解説していきます。

03 意見を可視化で整理する

　意見を引き出すことができたら、それらの意見を「整理する」ことが必要となります。なぜなら、出された意見をある程度カテゴライズしないと決めることができないからです。

「整理する」のは非常に手間暇がかかり、難易度が高く誰もやりたがりません。ファシリテーター自身が、会議で出された意見を会議中に整理しなければいけません。

　つまり、ファシリテーターは整理する能力も求められているわけです。

「整理する」ことを学問として発展させたのが「ロジカルシンキング」です。ロジカルシンキングについては、数百個にも及ぶ情報を整理するフレームワークが開発されています。

　ですので、ロジカルシンキングのフレームワークを学んでほしいのですが、ここではもう少し「整理する」とはどういうことなのかについて、解説したいと思います。

■整理する

「整理する」というのは、次の3つが該当します。

1　可視化する

整理の第一歩は可視化（見える化）です。

　出された意見の要点をホワイトボードに箇条書きするだけでもOKです。まずは、どんどんホワイトボードに記入していきましょう。

2　整理のタイプ

　整理するには3つのタイプがあります。

ツリー・マトリクス・時間軸の３タイプが代表的なものとなり、ビジネスのフレームワークにおいても、この３タイプがベースとなるものが多いです。

「ツリー」……ロジックツリーのようにツリー状に整理する手法です
「マトリクス」……いわゆる表形式のことで縦軸・横軸で整理する方法です
「プロセス」……時間軸で整理する方法です

3　MECE（モレなくダブりなく）

　ビジネスでよく使われる「MECE（Mutually Exclusive, Collectively Exhaustive＝**モレなくダブりなく**）」という**「考え方」**がありますが、整理する際にも、「問い」に対する意見が十分に洗い出されているかどうか、という視点が重要です。

　私たちが何かを判断するときには、判断材料が網羅的に洗い出されている状態が望ましいもの。「何か足りないのではないか？」と疑問が湧いたり、たくさん材料があっても重複していたりすると、なかなか判断がつかないでしょう。

　ただし、どこまで洗い出したら「MECE」になるのかを決めるのは難しいもの。なので、**実務上ではMECEを理想としながらも、「ある程度、洗い出された状態」**を目標とするのがいいと思います。

　ファシリテーションの経験を積むと、どのぐらいを目標にすればいいのかがより具体的にわかってきます。

　「MECE」については、次の項でお話しします。

04 問題を網羅する考え方「MECE」

ここで、改めて MECE についてご説明します。

MECE とは「モレなく、ダブりなく」という意味で、Mutually（お互いに）、Exclusive（重複せず）、Collectively（全体に）、Exhaustive（モレがない）の頭文字を取った用語です。

　これは、必要な要素を網羅しながらも重複しないようにするための考え方で、事実を正確に把握し、物事を体系的に考えて、問題解決に正しくアプローチするのに役立ちます。要素にモレがあれば機会を失い、ダブりがあればムダな努力をすることになりかねません。

　図でイメージすると、次のようになります。

　MECE を意識することで、大きな問題を小さな要素に細分化して考えて、問題の構造を捉えることができます。また、必要な要素を見落としたり、同じカテゴリに属する要素を分けてしまったりというようなミスの防止にもつながります。

　具体的に考えてみましょう。

　例えば、次のようなカテゴリや要素は、MECE ではないと言えます。

・人の性格（優しい・厳しい）

　→人の性格というカテゴリで出てくる印象や態度に関わる言葉は主観的になりやすいため、一要素の定義が曖昧です。

・料理（和食、洋食、イタリアン、中華、パスタ、ラーメン、軽食、飲茶）

　→料理というカテゴリで、パスタやラーメンのような一品を一要素としてしまうとモレが生じ、イタリアンにパスタ、中華にラーメンが含まれると

MECEのイメージ

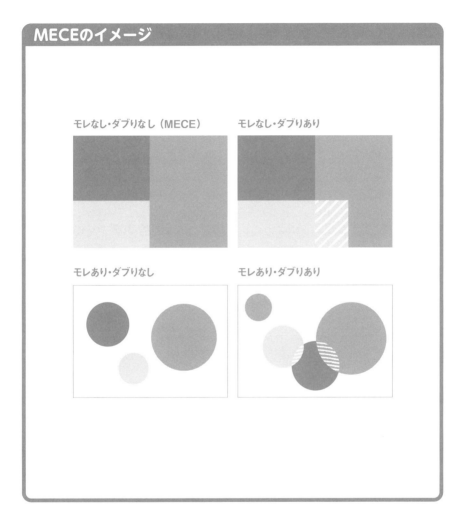

モレなし・ダブりなし（MECE）　　モレなし・ダブりあり

モレあり・ダブりなし　　　　　　モレあり・ダブりあり

いった重複も生じます。

・訪問地（アジア、アメリカ、中国、ロシア、北京）

　　→地域や国名、首都などが混在し、モレや重複、階層のズレがあります。

　一方、次のようなカテゴリは、MECE となっています。

・空間（都道府県）

・時間（上期・下期）

・年齢（成人・未成年）

・価格帯（20万円未満、20万円以上）

　数量・時間・空間は、適切に定義すれば、完全に MECE にすることが可能です。

　MECE を意識するようになると、このような適切なカテゴリの定義や要素の分類をすることで、網羅的に意見を引き出していくことができるようになるのです。

整理の味方
ビジネスフレームワークは
たくさんある

　MECE以外にも、ファシリテーターが学んでおくと役立つビジネスフレームワークについての書籍はたくさん出版されています。

　ここではフレームワークを学ぶためのお勧めの本をご紹介しておきます。なお、私がよく使う「KJ法」は、整理することに長けた手法なので、このあと第5章で詳細にお伝えします。

■ビジネスフレームワークが学べる本

・『ビジネス・フレームワーク』堀公俊著（日本経済新聞出版）

　戦略立案、マーケティング、問題解決、マネジメント、組織開発など200のフレームワークが、イラストや図表と一緒にコンパクトに解説されています。手軽にビジネスフレームワークのポイントを学べる一冊です。

・『プロセス思考でビジネスが変わる』土方雅之著（幻冬舎）

　私の会社員時代の担当だった業務改善の現場では、ビジネスのプロセスを「見える化」するプロセス思考が重要でした。本書では、プロセス思考のために必要なフレームワークを学ぶことができます。

・『ロジカルシンキングで面白いほど仕事がうまくいく本』本田一広著（あさ出版）

　仕事に必要なロジカルシンキングを身につけるための本で、論理的な思考法、問題解決、コミュニケーション、文章のためのフレームワークが紹介されています。

・『世界一やさしい問題解決の授業』渡辺健介著（ダイヤモンド社）

　物事の本質を把握し、戦略を立案し、具体的な行動に落とし込む「問題解決」の過程が、中高生にもわかるようにシンプルにまとめられています。短くてすぐ読めますが、本質はしっかりと理解できる入門書です。

・『コンサルタントが使っているフレームワーク思考法』高橋健三著（KADOKAWA）

　情報収集力、課題発見力、アイデア発想力、社内交渉力、顧客提案力などコンサルタントが身につけるべき能力ごとに厳選された25のフレームワークをやさしく解説した本です。MECEを学びたい方にもお勧めします。

・『はじめてのロジカルシンキング』渡辺パコ（かんき出版）

　難しく感じるロジカルシンキングを初心者でもわかりやすいようにイラストなどを使って解説してくれています。練習問題も多く掲載され実践的です。

　すべてのビジネスフレームワークを学べる本の他に、コンサルティング、ロジカルシンキング、問題解決、プロセス思考などの視点からフレームワークを解説した本をご紹介しました。

　みなさんの業務内容や課題に合った本から手に取っていただけたらと思います。

第 **5** 章

メンバーの意見を引き出しさらに整理する

01 参加者全員の意見を引き出しながら同時に整理できる「ＫＪ法」

「はじめに」で挙げた良い会議に３つの条件「**1　時間通りに終わる**」「**2　決まる（まとまる）**」「**3　参加者の納得度が高い**」を満たすためには、これまで説明したプロセスの中で、みんなの意見を引き出し、整理することが重要です。

「納得する」とは、自分の意見を言えて、かつ、自分の意見を受け入れてもらえたと感じるときだからです。

そもそも、会議の中で、全員が必ず意見を言えるなんてあり得るのか？と疑問に思う方もいるかもしれません。

必ず意見を言えるとても便利な手法があります。

いきなりみんなで意見を言い合うのではなく、**まずはみんなで意見を出し合う。この状態なら、100％全員が自分の意見を伝えることができます。**

それを実現できる手法が、ＫＪ法です。

さらにこのＫＪ法は全員の意見を短時間で集めるだけでなく、短時間で整理・集約することができます。会議の基本である参加者の意見を集め、整理する。この２ステップを短時間で誰でも簡単にできる手法がＫＪ法なのです。

※ＫＪ法は川喜田研究所の登録商標です

■ ＫＪ法とは

ＫＪ法とは、考案者の川喜田二郎氏の頭文字から名づけられたものです。地理学者である川喜田二郎氏は、研究結果を論文に書くために、膨大な調査内容を整理しなければならず、そこで編み出した手法がＫＪ法でした。

ＫＪ法はファシリテーションの手法というよりは、ロジカルシンキングの手法に近いと思いますが、私は様々な手法を試しましたが、その中で最も優秀な整理術です。

ＫＪ法は、模造紙、サインペン、付箋などを用意しなくてはならず「面倒くさい」と感じる人もいるかもしれません。

　しかし、ファシリテーターという視点で見れば、ＫＪ法はとても魅力的なものです。なぜなら、参加者全員の意見を引き出しながら、同時にその意見を整理できてしまうとても効率的な整理術だからです。

「問題発見・解決会議」では、「現実」と「あるべき姿」のギャップを把握し、その原因を探し、解決策を考えるという流れがありますが、ＫＪ法を使えば、それぞれの場面で参加者の意見を短時間で集めることができます。しかも、集めたと同時に、意見を整理できるのです。

　例えば、「職場の環境が悪い」という問題に潜む「原因」を話し合う会議があったとします。

　このとき通常の会議であれば、参加者１人ひとりが、職場の環境が悪い原因について口頭で意見を述べていくと思います。

　しかし、**ＫＪ法では、意見を述べることはしません。ここが大きなポイントです。**

　ＫＪ法では、あらかじめ付箋の束を１人ひとりに配り、ファシリテーターは、「職場の環境が悪い原因を書いてください」と言います。

　参加者は、問題だと思うことを付箋１枚につき１つ書きます。問題が３つあると思う人は３枚の付箋に、６つあると思う人は６枚の付箋に書きます。

この間、約３分！

　たった３分で、会議に参加した全員の意見をもらうことができるのです。口頭で話し合っていたら、３分で全員の意見を拾うということはほぼ不可能でしょう。

私は、ＫＪ法を使った会議は、"話さない会議"だと思っています。

　話さないけれど、全員の意見が短時間で出てくる。話さなくても、ファシリテーターが的確に問いを立て、それに対して参加者全員が付箋に自分の意見を書いてくれたら、それだけで、「全員の意見を集める」ことに成功します。参加者自身は、書くことで意見を提出しているので、「自分の意見が言えた」感覚があります。

　ファシリテーターは、参加者が付箋に書いてくれた意見を、模造紙を使って分類・整理していきます。

　右の図の写真を見てください。これは、５人の出版関係者が集まって「本の重版をかけるにはどうすればいいのか」というテーマで会議をしたときのものです。

　重版とは、本が売れ版（印刷）を重ねることを言います。

　本は、重版のかかる本とかからない本があります。その差は何なのか？について考えてみた会議です。

　ファシリテーターである私が、「なぜ、重版されない本があると思いますか？」という問いを立て、５人にその答えを付箋に書いてもらいます。その間、きっちり３分。集めた意見を、模造紙で整理していきます。

　１枚の付箋に答えを１つ書く。これがＫＪ法を使うときのポイントの１つですが、答えは複数あっても構いません。５人とも「重版されない本の理由」については思いつくことがたくさんあったようで、３分間で１人約10枚の付箋を使って10個ぐらいの答えを出してくれました。

　５人が10個の答えを書いたとすると、50個。付箋は50枚あることになります。この50枚を、模造紙を使って、同類の答えをカテゴライズにしていけば、あっという間に整理できてしまいます。ＫＪ法は、「意見を集める」だけでなく、「すぐさま整理できる」ツールであることがわかります。

重版会議を編集に携わる5人で行ってみた

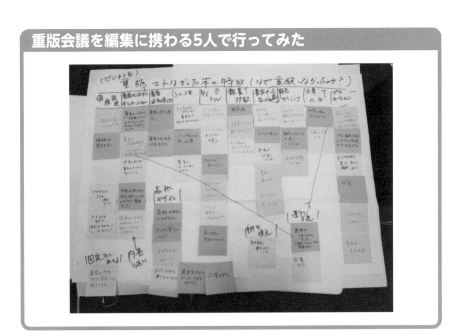

　口頭で議論し合う会議の場合、誰がどんな意見を述べたかがごちゃ混ぜになってわかりにくいですが、意見を付箋に書き出して整理できるＫＪ法ではそれはあり得ません。

　しかも、**模造紙を使って整理するから「可視化」できます。**

　多かった意見は、付箋が貼られた枚数を見れば一目瞭然です。こうすると、情報共有しやすく、会議にとっては理想的な状態です。

　自分の意見も、相手の意見も、模造紙にペタペタと貼られる。**若手の意見も上司の意見も分け隔てなく貼られる。**参加者全員が意見を出し、かつ、どの参加者の意見も同等に扱われているという気持ちになるのは、参加者の「納得度」にも大きく関わってきます。

　自分の意見が大切にされた。意見を出したらファシリテーターが「いいね！」と言ってくれた。意見を出し、受け入れられたという経験は、「安心」につながります。

ちなみに重版会議で、重版されなかった本の特徴として挙げられた中で多かったのが、「著者のこだわりが（読者に）マッチしていない」「タイトル」という答えでした。これでいける！　と思うタイトルをつけたとしても、いざ店頭に並んだら、わかりにくいタイトルだった……ということはあるということですね。

　では、会議においてＫＪ法をどのように使うか？
　ＫＪ法は、会議のプロセスの中でファシリテーターが円滑に進めていくために、情報収集や整理において、とても役立つ方法です。
　例えば、本書で繰り返し説明してきた「問題発見・解決会議」では、問題解決のステップにおいてＫＪ法を使って議論を進めていきます。

　まず、ＫＪ法を使って第３章で紹介した問題解決ステップでは、問題発見フェーズの「①現状把握」を洗い出し、次いで、ＫＪ法を使って「②あるべき姿」とは何かを洗い出す。さらにＫＪ法を使って原因分析フェーズで「④原因を洗い出し」て、解決策の選定フェーズで「⑥解決策を洗い出し」を行い……といった感じで、順番にＫＪ法を使っていくと、「⑦（問題の）解決策の選定」に至るので、そこまできたら、あとは、解決策を実際の業務に反映させるために計画の策定フェーズで「⑧活動計画を作り」目標設定・タスクの洗い出し・役割分担をすれば、会議を通して１つの「問題」の解決策が決定し実行段階へと進めるのです。

　このように、問題解決のステップの中で、あらゆる場面でＫＪ法は役立てることができます。

> ——重要なことは、正しい答えを見つけることではない。正しい問いを探すことである。

これは、経営の神様と言われるピーター・ドラッカーの名言です。

「問題発見・解決会議」では、「現状を把握する」「あるべき姿を描く」「原因を洗い出す」「解決策を考える」というプロセスがあります。

そのときどきで参加者から「意見を集め」、それを「整理し」、最終的に「合意形成する」のもファシリテーターの重要な仕事です。

最初の「意見を集める」というのは非常に大切なことで、意見が出なければ会議は進みません。

しかも、**どんな意見でも集まればいいかと言えばそうではなく、その会議のテーマにふさわしい的確ないい意見を拾うことができて初めて「精度の高い意見が集まった」**と言えるのです。

「会議で意見があまり出なかった」という場合、8割に近い確率で「ファシリテーターの問いの立て方が良くなかった」と言い切れます。意見が出ないと、つい参加したメンバーのせいにしたくなりますが、それは違います。ファシリテーターの問いの立て方が小難しくなっていたり、的を射ていなかったり、不明確なだけです。

では、いい意見をたくさん集めるには、どうしたら良いか。

それは、「いい問い」を用意することです。

03 「問い」を聞いて、すぐさま 3つ以上の意見が言えるか？ が目安

「問い」を立てるときは、小学生でもわかるぐらい簡単なものにすることが鉄則です。

難しく考えることはありません、誰もが迷わず答えを出せる問いにすればいいのです。

例えば、「職場の "あるべき姿" を教えてください」

と聞くと、一瞬、「ん？ あるべき姿？」と立ち止まってしまいますよね。

でも、

「"こんな職場だったら最高！" というのを教えてください」と聞いたら、「最高？ そりゃ、残業が少なかったらいいよなあ」「部署のメンバーがみんな溌剌として仲が良い環境だったら最高」「やったことが正当に評価されたらすごくうれしいな」という具合いにポンポン出てきませんか？

問いを立てるときはここがポイントで、**みんなが付箋を3枚以上さらさら書けるかどうか**を考えてみるのです。

ＫＪ法では、ある問題に対してどう思うかを付箋に書いていきますよね。

付箋は、1意見につき1枚という決まりがあるので、3枚以上書けるということは、最低3つぐらいの意見がポンポン出るような問いであれば、「いい問い」と言えます。

「みんなが3枚以上書けるかどうかわからない」と思うなら、こう考えてみてください。

自分がその「問い」を聞いてすぐさま付箋3枚以上書けるか。

「会社のあるべき姿を教えてください」という問いと、「こんな職場だったら最高！　というのを教えてください」という問いの2つがあったら、どちらがすぐさま3枚書けますか?

　こんな感じで、問いを立てて、自分でも付箋を使って答えを書いてみて、どちらがよりたくさんの意見が出そうな「問い」かを考えていけばいいのでしょう。

「問い」を考えるときに迷ったら

「いい問い」の目安は、「問いの中に問いが含まれていない」こと。

「会社のあるべき姿を教えてください」という問いを立てたときに、参加者の中から、**「あるべき姿って何ですか？」という"新たな問い"が出てきたら、その「問い」は「いい問い」ではないと言えます。**

「"こんな職場だったら最高だな"というのを教えてください」という問いからは、新たな問いが生まれるとは考えにくいですよね。

「問い」はわかりやすく、かつ、シンプルにいきましょう。

もう１つ、ファシリテーターが「問い」を考えるときに注意したいのが、抽象度の高低です。

例えば、以下で比べてみましょう。

> ・「会議で困っていることを教えてください」
> ・「経営会議で困っていることを教えてください」
> ・「経営会議の進行部分で課題と思っていることを教えてください」

抽象度が高い

抽象度が低い

この３つでは、抽象度がまったく違いますよね。下の「問い」にいくほど抽象度は低い、すなわち具体性が高くなります。

「問い」を立てるとき、必ずしも具体性が高いから「いい問い」とは限りません。その逆も然り。抽象度が高いから「いい問い」とも限りません。

ならば、どちらにしたらいいのかと言えば、そのときどきの会議により、「どちらのほうが、よりテーマに合った意見を拾えるのか」を考えてみてく

ださい。

　具体性のある意見を拾いたいなら抽象度が低めの「問い」を立て、自由に意見を述べてもらいたい場合は、抽象度が高めの「問い」を立てれば良いのです。

「経営会議の進行部分の課題について教えてください」と抽象度は低く具体性のある「問い」を聞けば、「ああ、進行についてピンポイントな意見を言えばいいんだよね？」と思い、その範疇で意見を述べますよね。

　反対に、「会議で困っていることを教えてください」という抽象度の高い「問い」であれば、「困ってることね。話し合いの結論がいつも出ないことがストレス」「上司がいると自分の意見を言いにくくて困る」「時間が長くなりがちで困る」などいろいろな会議を想定した自由な意見が出ます。

　ファシリテーターになりたての頃は、「問いの抽象度をコントロールする」といっても難しいと思いますが、頭の片隅に入れておいてください。

KJ法の
手順とコツ

　KJ法はちょっとしたコツと手順を押さえれば簡単にできます。

　この手順に従ってファシリテーターが進行することでKJ法は威力を発揮します。逆に言うと、手順を理解していないと時間ばかりかかってしまい、実務では使えない……となってしまいます。

　まず、KJ法でまとめる表のイメージを確認します。

■「手順」

手順1　模造紙に問いを記入する

　KJ法は模造紙と付箋を使っていきます。

　模造紙の一番上に「問い」を書きます。

　これにより「問い」を「見える化」できるので、参加者は何を質問されているのかを確認、認識することができます。

手順2　参加者に付箋への記入をお願いする。時間は3分

　次に、参加者に「問い」に対する意見を付箋に記入してもらいます。

　付箋に書くときには、ルールがあります。

・**1枚1ネタ（要素）**

　1枚に複数の意見を書くとカテゴライズできなくなるので、必ず1枚1ネタを厳守します。いくつも意見がある場合は複数枚の付箋を使って書くようにお願いします。

・**サインペンを使う（シャープペンシル、ボールペン禁止）**

　サインペンでないと見にくい。見えにくい意見の書かれた付箋が何枚、何十枚もあると、けっこうなストレスになります。模造紙に貼り、みんなが一目で分かるようにサインペンは必須です。

付箋のまとめ方

・**付箋は横はがしで**

　付箋は下からピッとはがすとノリ部分が丸まってしまう性質を持っています。

　横にはがすと、粘着力を100％発揮します。

「そんなことか」と思うかもしれませんが、模造紙に貼ったあとでバラバラとはがれ落ちてしまうと、それを糊などを使って貼り直すような手間がかかってしまいます。「そんなこと」に、ほんの少し気をつけるだけで効率よく進むのです。

付箋の書き方、はがし方

　付箋に書いてもらう前に、書き方の例を２〜３伝えると、よりスムーズに進みます。

手順3　付箋を回収し、整理する

　付箋に書き込んでもらったら、回収し、模造紙に貼りながら整理していきます。手順は、次の通りです。

> 1　一番近くにいる人に、「なんでもいいので１枚ください」と言って付箋を受け取る
> 2　その人が書いてくれた意見を読みながら、模造紙の左端に貼る。
> 3　「似たような意見を持っている人ください」と声をかけ、付箋をもらう
> 4　似た意見の付箋を回収したら、２で貼った付箋の下に順番に貼っていきカテゴライズする

ここで縦１列が完成します。その縦１列は、似たような意見が集まった列

ですから、おのずと１つのカテゴリが完成した、と言えます。

　２列目も同様の手順で進めていきます。

　これを、全員の付箋がなくなるまで繰り返していきます。

　すべての付箋を貼り終えたときには、いくつものカテゴリができているはずです。**その数は、７〜10を目安にしてください。**

　また、もし、単独の意見が出て、他に類似の意見もないような場合は、「その他」のコーナーへと、いったんまとめておきます。

手順４　カテゴライズされたグループに「見出し」をつける

　すべての付箋を模造紙に貼り終え、いくつかのカテゴリに分け終えたあとは、それぞれのグループを一言で表す見出しをつけていきます。

　見出しをつけるのに迷ったときは、集めた意見の中から、最もわかりやすく表現されている付箋を１枚見つけて、そのまま見出しにすればＯＫです。

　すべての見出しをつけたら完成です！

手順５　完成した表を見て感想を共有する！

　ＫＪ法で完成した表を見ながら１人ずつ感想を共有したり、ディスカッションに移っていきます。

　模造紙に貼りつけた段階で全員の意見は可視化され、整理されているので議論の質はグッと高まります。

　ここまでの手順を踏むと、20分程度かかります。

　１つのテーマに対してたくさんの意見を洗い出し、大まかな整理をするまでが20分でできてしまうのです。

　これが話し合いならば、ああでもない、こうでもないと時間ばかり過ぎてストレスのたまる会議より、はるかに効率的に進めることができます。

　続いて、ＫＪ法を使って会議をするときのコツについてお伝えします。

■「コツ」

　手順3で付箋を受け取って模造紙に整理するときは、その内容について当人が「説明するのは厳禁」です。

　1枚1枚の説明を聞いているといつまでたってもカテゴライズできず、参加者が飽きてくるからです。

　説明や、感想の共有などは、すべての整理が終わったら行います。

　整理する時間と議論する時間は分離する。「混ぜるな危険」ですね。

　ファシリテーターは、付箋をもらって貼っていくときは、その内容を読みながら貼りましょう。 良い意見だなと思ったら「いいですね！　最高ですね！　こういう考えもありますよね！」などと一言程度コメントします。参加者は共感してもらえた、受け入れてもらえたと感じるので、場の雰囲気が良くなります。

「カテゴライズの仕方がわかりません」と質問されることがあります。

　カテゴライズは、「だいたいでいい」ぐらいの感覚で捉えてください。 会社の課題を付箋に書いてもらったとき、「コミュニケーション不足」と「コミュニケーションがスムーズではない」と書かれた意見を同じカテゴリにできるのはすぐにわかると思いますが、「笑顔が足りない」「話しかけにくい雰囲気」「パーテーションで仕切られていて和気あいあいになりにくい」などの意見が出てきたら、「ん？　これらのカテゴリはコミュニケーション不足でいいのか？　それとも、新たなカテゴリを立てるべきか？」と躊躇するかもしれません。

　こういうときこそ「だいたい、でいいんだ」と思い、ひとまずすべて「コミュニケーション不足」のカテゴリに一緒に入れておきます。

　そして、他の付箋の意見を整理する中で、「黙々と仕事をして笑わない人が多い」「笑顔が少ない」などの意見がたくさん出てくれば、「さっき、コミュ

ニケーション不足のカテゴリに『笑顔が足りない』を入れたけど、『笑顔』のカテゴリを新たに作ったほうがいいかもしれない」などのように見えてきます。付箋は、あとからいくらでも移動できるので、神経質になる必要はありません。

　それよりも、優先するのは、テンポとスピードです。１枚ごとにいちいち立ち止まらず、「お、コミュニケーション不足」「あ、Ａさんもコミュニケーションに課題を感じてるんですね」「Ｃさんもですか。コミュニケーションって職場の大きな問題なんですね〜」といった具合に、テンポよく進めていくほうに集中してください。

　だいたいの意見が可視化できれば、そこから本格的にディスカッションしていけばいいのです。

　100点を目指す必要はありません。

コツ３　カテゴライズは７〜10個

　カテゴライズは、だいたい７〜10個に分類できればちょうどいいと思っていればＯＫです。

　５つ以下だとカテゴライズがざっくりしすぎ５〜６だと少し足りない、10を超えると細かすぎるという認識でいればいいでしょう。

06 KJ法で使う道具

　KJ法で主に使うのは、模造紙、付箋、サインペンです。

　模造紙は「コクヨ セクションパッド Ａ１タイプ 50枚 レ−C1W」を私は愛用しています。KJ法を実施するのにぴったりのサイズで、丸まらないのが気に入っています。

　付箋は、３Ｍ製の「ポスト・イット」がイチオシです。

　100円均一ショップなどでも売っていますが、模造紙に貼ったとき、つき具合が悪いことが多く、パラパラとはがれてしまうことがあります。その補修に使う時間がもったいないので、３Ｍ製のものがおすすめです。ノリの強度が絶妙で他のものと格段に違います。

　サイズは、75mm ×75mm のものがベストです。

　少し高いですが、といっても、90枚入りのものが６冊で1000円程度。効率よく会議を進める"主役"と考えれば必要な出費です。

　色は、黄色、ピンク、青、グリーンなどいくつかの色が入っているセットを買いましょう。**単色よりも、カラフルなポストイットに意見を書くほうが、模造紙に貼ったときに見映えもよく、みんなの気持ちも明るくなります。**

　サインペンは、私のイチオシはゼブラの水性ペン「紙用マッキ−」極細です。参加者には、こちらの太いほうを使って書くようにお願いしています。

　紙用マッキーの優れているところは、太いほうを使うとポストイットに書いたときに見やすくなること、裏うつりしないこと、手にインクがつかないことなどが挙げられます。一見、些細に見えることですが、実際、会議で使ってみると、すごく重要な要素になるのがわかります。備品１つにも、ファシリテーターは細やかな気配りをしておきたいものです。

　こちらは８色入りで1000円以内です。黒以外にも、赤、緑、青など様々

な色を使って書いて大丈夫です（黄色いペンは文字が読みにくいので避けましょう）。

ポストイット ノート
パステルカラー 75mm×75mm

ゼブラ 水性顔料 紙用マッキー 極細8色

コクヨ セクションパッド A1 タイプ
50 枚 レ-C1W

ＫＪ法は
会議の納得度を
高められる

　ＫＪ法を用いると、参加者は、１時間の会議の中で、３回ほど自分の意見を書ける、述べるチャンスがあります。

□付箋に自分の意見をいくつも書ける
□ファシリテーターが模造紙を使ってまとめているときに、一緒に意見の整理に参加できる
□模造紙に整理し終えたあと、それについて感想を求められるので話せる

　１時間のうち、この20分だけを切り取ってみても「メンバーの一員として、会議に参加している。自分の意見もちゃんと汲み取ってもらえている」ことを実感できます。これが、**良い会議の必須条件である「会議の納得度が高い」**ことにつながっていくのです。

　ファシリテーターは、アジェンダを作成する時点で、「自分も意見を述べている」と参加者が感じられる"仕掛け"を要所要所でつくるべきで、それを入れた進行を考えなくてはならないのです。そして、それにはＫＪ法が欠かせません。

　問題解決では現状把握、あるべき姿を描く、原因の洗い出し、解決策の洗い出しと、あらゆる場面で参加者の意見を集めて整理しながら議論を進めなければなりません。

　ファシリテーターとして場数を踏んでいないうちは、「20分」と設定しても思い通りにいかず多少オーバーするかもしれませんが、何度も経験して慣れていくしかありません。

第 **6** 章

合意形成の仕方

01 合意形成を図る

「問題発見・解決会議」では、「問題」を洗い出したあと、その中から1つに絞る、あるいは、絞ってからさらに深掘りしていくことがあります（単に、問題を洗い出して終わる場合もあります）。

　このとき大切なのが、合意形成をすることです。

　すなわち、参加者の意見の一致を図る作業をしていきます。

　それぞれの意見を尊重しながらも、1つに絞る。ＫＪ法で意見を集めるときは、誰かと話し合うことはないのでスムーズに進みますが、ひとたびディスカッションになるとヒートアップしてしまうことがあります。

　ここは、ファシリテーターが舵取りすべきところです。

　合意形成は「決め方」「粒度」「基準」、この３つをきちんと揃えられるかどうかが重要です。

　それぞれについて、どういうことなのかを確認していきましょう。

合意形成

決め方
（種類）
　　　　✕　　　　粒度　　　　✕　　　　基準

・決め方……1つに決めていく

・粒度……大ざっぱすぎたり、細かすぎる部分がないか確認する

・基準……人は、誰でも自分なりの「基準」を持っている

決め方の種類

　１つに絞る決め方は、次のようなものがあります。

「全会一致」「多数決」「リーダーによる決定（一任)」、その他にあみだくじやじゃんけんがあります。

　例えば、職場における６つの問題から、取り組むべき問題を１つ選ぶとします。

「職場の問題」

１．コミュニケーションが足りない

２．人材育成不足

３．業務が標準化されていない

４．整理整頓ができていない

５．退職率が高い

６．ビジョンが浸透していない

■決め方について

　この６つの中で、何から取り組むべきかを決めるとき、その決め方は、「全会一致」なのか「多数決」なのか「リーダーによる決定」なのか。それぞれにメリット、デメリットがあります。

決め方のメリットデメリット

種類	参加者の納得度		議論に要する時間	
1 全会一致	◎	全員高い！	×	長い（ケースによってはエンドレス）
2 多数決	×	少数派の納得度が著しく低い	◎	短い（ほぼ一瞬）
3 リーダーによる決定(一任)	△	かなり微妙…（リーダーの決め方、信頼度による）	○	短い
じゃんけんあみだくじ	使用禁止			

1 全会一致

　全員の同意を得て、初めて決まる方法です。納得度は高くなりますが、半面、全会一致になるまでにかなり時間がかかります。全員の意見が一致するまで、「ああでもない」「こうでもない」と議論をするのだから当然です。

　全会一致なんてあり得ない、あったら奇跡と思っておいたほうがいいでしょう。

　たまごが先か鶏が先かのように、甲乙つけがたいケースは発生するのではないでしょうか。

「職場の問題」の6つは、いずれも「問題」には変わりありません。

　その「問題」のどれから手をつけるかを話し合うときに、議論したところで全員の意見が一致すると思いますか？

誰かが忖度して折れる、妥協するケースを除けば、「純粋な全会一致」は、ほぼあり得ないと思ってください。

　つまり、全会一致という決め方は、真の意味で全会一致にならない以上、不完全です。

2　多数決

　多数決は、手を挙げるだけなので、超短時間で終わるのがメリットです。しかし、少数派になってしまった人の“排除感”があり、**会議の最も大事なことの1つである「参加者の納得度」が低くなってしまいます。**

　多数決は、実はわざわざ少数派を生み出し、排除する決め方です。「あなたの意見は少数意見なので却下します！」と、少数派のモチベーションを下げる決め方なので、一気にヤル気を失ってしまうリスクがあります。こうなると、多数派との軋轢（あつれき）を生み、「多数派が決めたんだから、多数派だけで進めてよ。責任持ってね」という感じになってしまうことがあります。

　多数決も、決め方としては不完全です。

3　ファシリテーター（リーダー）による決定（一任）

　ファシリテーターが決めると、議論に要する時間が短いため、すぐに決まるメリットがあります。

　ただし、経験豊富で人としても信頼できるリーダーが決めてくれるならある程度は納得できますが、反対にワンマンなリーダーが勝手に決めると、参加者のモチベーションは下がるだけです。リーダーの資質に拠るところが大きい決め方になります。つまり、1、2、3とも“不完全”な決め方と言えます。

　では、いったいどうすればいいのでしょうか。

　私自身、会社員時代にたくさんの会議を行う中で、「全会一致」×「リーダーによる決定（一任）」をミックスさせる方法を編み出しました。

■全会一致×リーダーによる決定

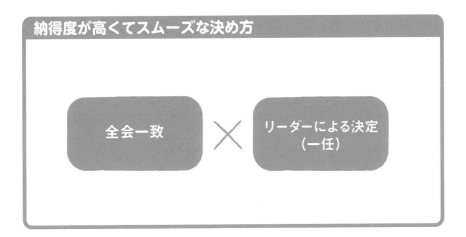

運用ルールは以下です。

「運用ルール」
・時間を区切り、その時間内は全会一致を目指す
・リーダーは、時間内は可能な限り参加者の意見に耳を傾ける（全員に、順番に何周もして意見を求める）
・終了時間が来ても全会一致できなかった場合、リーダーが決める
・会議が始まる前に、このルールを参加者に伝えて合意を得ておく

この方法を実施すると、参加者は、何回も意見を述べる機会があるため、「意見をしっかり聞いてもらえる」安心感があるので一定の納得度を得ることができます。

　現時点で、私が考える**合意形成方法で一番スムーズなのは、この「全会一致」×「リーダーによる決定（一任）」の合わせ技です。**

　ここで、「全会一致」×「一任」を行うときの手順を見ていきます。

1、投票

　まず、洗い出した問題の課題を見ながら、解決したい課題を2つ選びます。

2、選んだ理由を聞く

　2つを選んだ理由を参加者1人ひとりに順番に聞いていき、そのあと、みんなの意見を聞いてどう思ったのかについて聞いていきます。発言者の偏りがないように全員に聞きます。

3、ディスカッションしてもらう

　課題を1つに絞り込むため、みんなでディスカッションをします。内容にもよりますが、7〜8分もあれば十分です。ファシリテーターは、参加者が「自分も会話に加わっているんだ」と実感してもらえるように配慮してください。

　例えば、みんなの話し合いを観察しながら「発言していないな」と思う参加者に話を振ってみるなど、適宜、参加者をよく見てください。
「時間内は、全会一致を目指す」というのがポイントで、短い時間の中でも「自分の意見を言えた」と思えたら、この時点ですでに納得感は高くなります。

↓

4、最終的な決断はリーダーがする

「みなさん、貴重な意見をいろいろと出していただきありがとうございました」とまずはお礼を言ってから、リーダーである自分が1つに決めることを伝えた上で決定し、それを伝えます。

あらかじめ「話し合っても決まらなかった場合は、自分が決めます」と伝えてあるので、ここで、自分が決めることを改めて伝えたうえで、「職場の問題は6つありますが、このうち、"1．コミュニケーションが足りない"という問題に決定したいと思います」といった具合に1つに絞ります。

すでに参加者は、十分に自分の意見は言えた状態なので、リーダーが1つに絞った意見が自分の意見ではなかったとしても、消化不良になることはあまりありません。

ところで、「決め方」を見てきてわかると思いますが、会議においては、個々が「納得できたかどうか」が非常に大切になります。

「納得度」は、特に強調しておきたいところです。

人の納得度は、この方程式があてはまります。

自分の意見が入っている（聞いてもらえた）＞正しい

人は正しいか、正しくないかということより「自分の意見が入っているか、聞いてもらえたか」のほうを圧倒的に重視します。

「正しいかもしれないけど、納得いかないな」と思ったことはありませんか。そのときの心理状態を思い返すと、自分の意見を聞いてもらえなかったという気持ちが強く残っていませんでしたか？

反対に、自分の意見を聞いてもらえたうえで、最終的に自分とは異なる意見が採用されたときは、ある程度納得していませんか？

　人が納得するのに大事なのは、自分の意見が入っているか、聞いてもらえたかです。「正しい」か「正しくない」かは関係ありません。

　ですから、**ファシリテーターは、「発言の偏りが出ないように全員に多く発言してもらうこと」が、全体を通しての納得度を高めることにつながる**ことを覚えておいてください。

03 決定事項の粒度

　合意形成では、方向性から具体的な作業内容や方法まで、いろいろなことを決めていきますが、このとき「粒度」を考える必要があります。
「どうしてこんなに細かいところまで決めるの？」とか「大ざっぱすぎる決め方で、このあとどうすればいいのかわからないな……」などと思ったことはありませんか。

　会議では、どの粒度で決定すればいいのでしょうか？
　私が考える粒度の基準は、「参加者が会議終了後、作業するうえで迷うことがないレベル」というものです。
　それぞれの参加者が職場に戻ったときに、仕事の方向性を理解でき、かつ、自分は何をすればいいのかを明確に把握している状態を作れると良いと思います。入社して間もない会議の参加者がいる場合は、より詳細なところまで決めておく必要がありますし、ベテランの多い会議の場合は、大まかな方向性を決めれば十分なときもあります。
　参加者のレベルに合わせて、粒度を見極めながら柔軟に決めていけばOKです。合意形成の粒度を意識して進めると、会議の生産性が高まります。
　例えば、営業担当者が上司や同僚を招集して、「クライアントへの提案資料をブラッシュアップする会議」を開催したとします。目的は「クライアントに響く提案書を作成する」、ゴールは「提案書をブラッシュアップする」と設定します。

> **クライアントへの提案資料をブラッシュアップする会議**
> 主催者：営業担当者
> 参加者：営業担当者の上司や同僚
> 目的：クライアントに響く提案書を作成する
> ゴール：営業担当者が作成した提案書をブラッシュアップする

　このケースの場合、会議を主催する営業担当者自身が自分の経験・技量によって、会議の進め方や粒度を考える必要があります。

　経験豊かな営業担当者であれば、上司や同僚から出された気になる点や改善のポイントを議論し、「説得力が増すようなデータを盛り込む」「よりビジュアル化する」といった大まかな方向性が確認できれば、会議を終了して問題ありません。あとは、自分で修正できるでしょう。

　経験が浅い若手だった場合は、ページごとに丁寧にチェックして表現方法を議論し、場合によっては一字一句修正する必要があるかもしれません。その際には、あとは言われたことを「作業」するだけでいいように、細部まで決めます。

　これはファシリテーター自身が作業者という例ですが、ファシリテーターには、このように会議後の作業に迷わないよう担当者のレベルに合わせて粒度を見極める力が重要です。

04 基準の重要性

　合計形成をするうえでもう1つ重要なものがあります。

　それは、「基準」です。

　人は物事を決めるときに必ず何かの基準に基づいて決めています。

　そして人によって決めるときの基準が違うのです。これが他者と意見が分かれる原因です。

　議論しているから意見が分かれるのではなく、それぞれの基準に照らし合わせているから意見が分かれるのです。

　逆に言うと、この基準を可視化したうえで、お互いの共通ポイントを探すことができれば合意形成に一気に近づきます。

　「基準」とは、どんなものなのか。次の例を見てください。

　例えば、職場の5名で1泊2日の社員旅行に行くことになったとします。

　費用は1人あたり3万円まで会社が負担し、それ以上の場合は自己負担です。

　行き先は、5人で相談して決めていいことになっています。

　職場は東京で、各メンバーの住んでいるところは東京、神奈川、埼玉とします。

　早速、1回目の企画会議が開催され、議題は「行き先を検討する」になりました。ファシリテーターの進行のもと、こんな会話が繰り広げられました。

　議題　1人ずつ行きたい候補地を挙げてください！

箱根！	Aさん
草津！	Bさん
北海道！	Cさん
ディズニーランド	Dさん
銀座	Eさん

　見事にバラバラになりましたね。このまま「行き先」で話し合いを続ける
だけでは、マウント合戦となり声の大きい人の意見で決まる可能性が高まり
ます。

　全員が納得したうえで決定するには、どうすればいいでしょうか？

　答えは簡単で、みんながなぜその場所に行きたいのか、「選んだ理由」を
聞けばいいのです。

　選んだ理由というのが、すなわち、**それぞれの人の「基準」。基準を可視
化します。**

　こんなふうに聞いてみましょう。

「みなさん、なぜその場所に行きたいのか選んだ基準や理由を教えてもらっ
ていいですか？」

　すると、例えばこんな答えが返ってきます。

箱根。温泉でゆっくりしたい、あとおいしいものを食べたい。

Aさん

草津。私も温泉でゆっくりしたい。少し都会を離れて自然を感じたい

Bさん

北海道。せっかくだから、飛行機で東京から離れたところにいきたい。おいしいものも食べたい

Cさん

ディズニーランド。東京から移動に時間をかけずにすぐに行ける場所がいい。非日常を体験したい

Dさん

銀座。高級なお寿司を食べたいから！

Eさん

　AさんからEさんまで、様々な基準や理由が出てきました。

　しかし、よく見てください。

　行き先はバラバラですが、「ゆっくりしたい」「おいしいものを食べたい」など、理由が同じものがちらほら見受けられますよね。

　ここに合意形成のカギが隠れています。

　では、基準と行き先を整理してみましょう。

　整理するうえでは、「意思決定マトリクス」が非常に役立ちます。

「意思決定マトリクス」とは、課題やアイデアなど、複数の選択肢を評価、選定する際に使われる手法の1つです。

　複数の選択肢がある状況で意思決定を行う際、定性的な情報や主観だけに頼らず、定量的・客観的に評価するために活用するものです。

　これを使用するにはA～Eさんから出た「基準」を整理する必要があります。

似たものを統合して整理すると、基準は、主に5つになります。

・ゆっくりしたい（温泉で）
・おいしい食事
・自然を感じたい
・非日常を感じたい
・移動に時間を取られたくない

この基準で意思決定マトリクスを作成してみます。

　基準の中には特に重要なもの、軽いものなど重みに差があることがあります。その場合は重要度の高いものから点数に差をつけて、ウエイトづけする必要があります。ウエイトづけの倍率は参加者の意見を聞いたうえで、ファシリテーターが決めます。

　社員旅行の候補地の例では、あまり点数に差はつきませんが箱根と北海道の点数が高くなりました。

　箱根は、ゆっくりしたい、おいしいものを食べたい、自然を感じたい、非日常を感じたい、移動に時間を取られたくないというういずれの基準においてもバランスが良いのがわかります。これに対し北海道は、一部の基準を強く満たしていますね。
　大事なのは、まずはすべての候補地を「いったん評価し、可視化する」ことです。
　基準を可視化しない話し合いよりも、**点数を出して可視化することで、確実に合意形成に近づくのです。**
　点数だけで決めるのではなく、可視化された意思決定マトリクスをスタート地点として話し合いを行えば、箱根にするのか、北海道にするのかなど、

みんなの意見を可視化する

候補地

基準	Aさん	Bさん	Cさん	Dさん	Eさん
	箱根	草津	北海道	ディズニーランド	銀座
ゆっくりしたい（温泉で）	◎	◎	○	×	×
おいしい食事	○	△	◎	○	◎
自然を感じたい	○	○	◎	×	×
非日常を感じたい	○	○	◎	◎	×
移動に時間を取られたくない	○	△	×	◎	◎
合計点	11	9	11	8	6

◎:3点 ○:2点 △:1点 ×:0点で計算

全員が納得する形で決められると思います。

　このように基準を明確にすることで、それぞれの人がどのようなことを望んでいて、自分とどの部分が一致するのか理解できたと思います。

　このあとは、何を一番大切にするかを話し合い、最終的にみんなの意見をしっかり聞いた上でリーダーが決定すればいいと思います。

05 100点を目指さない！

最後に、もう1つ大切なことをお伝えしておきます。

それは、「合意形成は100点を目指さない！」ということです。

会議は、正解がわからないことを議論することが多いものです。

決め方、粒度、基準に沿って合意形成することで、多くの人が納得する状態に導くことはできますが、すべての人が心から納得した状態にはならないこともまた事実です。AとBのうち、どうしてもAだと思っていた人は、Bに決まった場合、それまでAの理由を聞いてもらっていたので納得感はあるものの、「やっぱりAがよかったな」と思うことは十分にあり得るからです。

そこを追求するとキリがありませんから、「100点を目指す」のではなく、「70点くらい。だいたいでいい」という気持ちで臨むのがいいと思います。70点というのは、「納得できない部分もあるけれど、全体的に見れば、おおむね文句はない」というギリギリのラインです。参加者が口では「よかったです」と言いながら、表情には嫌悪感が出ている場合は70点以下、「納得しているとは言えない」と判断します。

もし、70点以下の参加者が複数いるなと思ったときは、「今日の会議は、思い描いたゴールにはたどりつけていない可能性がありますね」と伝え、「次の会議の冒頭でもう一度この内容について触れたいと思います」と次回の会議でリカバリーすることを約束しておきます。

いずれにしても、100点は目指さない。**70点程度でいい。**そこを意識してください。そして、決まった以上は、全員がその仕事に100％コミットする！

そのスタンスでいればいいと思います。

第 7 章

会議中の
雰囲気づくりと
ファシリテーターの
心構え

01 参加メンバーを100％信じて受け入れるという、ファシリテーターの心構えが大切

ファシリテーターの心構えで大事なことは、「中立的である」ということです。

参加メンバーを100％信じ、受け入れ、尊重することが基本となります。

ファシリテーターに受け入れてもらえているという感覚がなければ、なかなか本音を話してもらうことはできません。

これも簡単なようでとても難しいことです。人間誰しも馬が合う人もいればそうでない人もいます。

価値観だって1人ひとり違います。

ただ、それでもファシリテーターは中立的にふるまうべきだと思ってください。

そもそも会議は、多種多様な経験・価値観を持った人たちが知恵を出し合い、相乗効果によって、より良い解決策などが導き出される場となります。

この最も基本的なことを忘れずに、中立性を保ち、メンバーを100％受け入れることが、良い会議を創り上げるのに必要なことだと思います。

なお、「受け入れる」ことと、「同意（同感）する」ことは違います。

「受け入れる」とは、たとえ自分の考えと違っていても「あなたはそう考えるんですね」と、いったん相手の考えを認めることです。

それは、必ずしも、自分が同意しているとは限りません。ただ、考えのみならず発言者である「その人」自身をも受け入れるようにします。

02 一番大切なのは メンバーの 納得感

最も大事にしたいのは、「メンバーの納得感」です。

リーダーが持ち帰って決めてもいいのですが、会議の中で、メンバーと一緒に決めるほうが、全員の納得感を得られます。

「納得度の高い・低い」は、メンバーのパフォーマンスに大きな影響を及ぼしますから、丁寧に進めましょう。

例えば次のような感じで役割分担を決めていきます。

例：メンバーが5人いて、タスクを10個程度に分類できる場合

1　タスクは全部で10個だから1人2個を任せられるね

2　好きなタスクを選んでいいよ

3　もしかぶったら調整させてね

参加者にはこの3つを満面の笑みで伝え、1人ずつ順番に希望を聞いていきます。もし、やりたいタスクがかぶったら話し合いで調整します。

このやり方で役割分担を決めると、ほとんどの場合、5分程度という超短時間で決まり、かつ、参加者全員の納得度が高い状態になることが多いです。なぜ、短時間で、かつ、納得度が高い状態で決まるのでしょうか。

それは、**自らがやりたいタスクを選ぶことができるからです**。これは大きなポイントで、上司に命令された仕事はやらされ感がつきまといますが、「自分がやりたい！」と思って自発的に取り組む場合はいきいきと仕事ができますよね。当然ながら、パフォーマンスにも好影響が出るのです。

ある研究結果ではやらされ感のある仕事と、自発的に取り組む仕事では、パフォーマンスの差は4倍になるという結果が出ています。

私は、これを「やらされ感のある仕事と、自発的に取り組む仕事では、パフォーマンスにどのぐらいの差が生まれると思いますか？」とクイズにして、研修で出す機会があります。答えを、2倍、4倍、10倍の3択で出題しますが、これまでの結果は、2倍と答えた人は2割、4倍は4割、10倍は4割に意見が分かれました。

「10倍」に手を挙げた人は、自発的に取り組むと相当パフォーマンスに差が出ると思っているのでしょう。やらされ感を持つととたんにヤル気をそがれるとも言えるのかもしれません（私は、10倍タイプです）。

　自分でタスクを決めて、自発的に取り組む。人は、自分で決めることをとても大事にしています。これを「自己決定感」と言います。

　自分で決めたことに対しては、責任感が強まります。

　だからこそ、リーダーは、会議の中で、参加者それぞれの役割分担を自ら選ぶよう配慮してほしいのです。

　自分で選ぶことですから、かなりの確率で納得度が高い状態で決まります。

　リーダーが「適材適所」を決める方法もありますが、リーダーは部下の好きなこと、得意なこと、現在の負荷状況、チャレンジしたいと思っていることなどをすべて把握しているわけではありません。表層的にしか部下のことを知らないという人のほうが多いのではないでしょうか。

　最も知っているのは、本人。**本人にやりたいタスクを選んでもらうことが最も理想的な「適材適所」になるのです。**多くの人は、ラクしたい、サボりたいとは思っておらず、自分のやってみたいことでさまざまな経験を積みたいと思っています。その意味でも、自ら選ぶ「適材適所」が良いのです。

　リーダーの立場として、「○○さんには、これをやってもらいたい」という希望はあると思います。そのあたりは、素直に相手に伝えて調整すれば済む話。メンバーを100％信じ、受け入れるという考え方と同じです。

03 メンバーにとって 安心安全の場をつくる

　ファシリテーターの役割の1つに、「活発な意見が出る場づくりをする」というのがあります。参加者に安心して発言してもらうために必要なのが「安心安全の場」なのです。

　Google社のリサーチチームが、「チームのパフォーマンス向上のためには、心理的安全性を高める必要がある」という調査結果を発表しています。

　2012年から約4年もの年月をかけて実施した大規模労働改革プロジェクト、プロジェクトアリストテレス（Project Aristotle）により発見された「チームを成功へと導く5つの鍵」の中の1つです。

「心理的安全性を高める」というのは、最も難しいことの1つかもしれません。**会議中においては、ファシリテーターがこの心理的安全な場を演出する役割を担っていきます。**

　その具体的な方法については、次から説明します。

　どれも、意識すれば今すぐできることばかりです。実践していきましょう。

■安心安全の場を演出をする
笑顔を絶やさない

　会議中は、ずっと笑顔で。意識して笑顔でい続けてください。

　最初は、作り笑いでも構いません。私は、長年経理部にいて、数字の正解性が何より求められ、笑顔などなくても構わないと思い込んでいましたので、ファシリテーターを任された当初は、「ただ、笑顔でいる」ということがものすごく苦痛でした。でも、**作り笑いも、無理やりでもやり続ければ板についてくるもの**で、"ホンモノ"の笑顔に近づいていきます。「いい仕事をする」という目的があるのだから、笑顔が苦手などと言ってる場合ではあり

ません。

立って進行する

「立つ」ことは必ずしも必須ではありませんが、私の会議は、ホワイトボードや模造紙に情報整理していくスタイルなので、立っているほうが動きやすいです。「Aさんはどう？」「Bさんは？」「Cさんは？」と意見を聞いて、それをすぐにホワイトボードに反映させることもあり、立っているほうが何かと便利です。

　また、立っている人間には必然的に注目が集まりますから、進行しやすいというメリットもあります。

腕組みをしない

　社内で腕組みをしている人を見かけることがありますよね。腕組みは、自己防衛をする、ガードする気持ちの表れです。相手を拒絶する動作で、時に威圧感を与えるので、意識してしないようにします。私は腕組みをしそうになったら、必ず寸前で止めます。

　組もうとした手のどちらかを前に出すなどしてとにかく止めるようにしています。

声はいつもよりワントーン高めを意識する

　低い声は、落ち着いて聞こえる半面、少々怖い印象を与えることがあります。**なので、「気持ち、高め」を意識して会議を進行しましょう。**

　また、特に、進行に慣れていない頃は、通常の感覚で話していると、早口に聞こえてしまうことがあります。**プレゼンテーションなど人に話すときは、「自分が思っている以上にゆっくりにで話すぐらいでちょうどいい」**と言われますが、その通りです。

126

自分とは異なる意見でも否定しない

　明らかに自分とは異なる意見だと思っても、否定しないことです。
「その意見はどう考えてもないな……と思ってしまったときは、どうしたら
いいですか？」と聞かれたことがありますが、答えは簡単です。
「そういう意見もあるんですね」と言うことです。これなら、自分とは違う
意見だけど、相手を批判することにはなりません。

　このようにふるまうのは難しいと言われることがありますが、私は、会議
中に限らず、人生のあらゆる場面において「他人を否定しない」と決めてい
ます。あの上司の言っていることが納得できないと否定するのは簡単ですが、
私だったら、「面白い意見ですね」などとプラスの側面を見つけます。どん
な意見も見方を変えれば、良い／悪い、正しい／間違っているとどちらにも
解釈できることは多いので、ポジティブなほうを採用しています。

　ファシリテーターとして「会議を円滑に進める」という観点から見ても、
誰かを否定せず、なるべくポジティブな言葉を使うというのは効果があると
思います。

反応する

　参加者の出した意見に対し、**まずは最初に「いいね！　いいですね！」と
言う**、誰かが述べた意見に対して大きくうなずくなど、「反応する」ことを
意識してください。私は1時間の会議の中で、100回ぐらいは「いいね！」
と言っているのではないかと思います。参加者が「反応してくれた」と思え
ることは、「ここは安心な場所だ」と実感することにもつながります。

04 メンバーを100％信じ、受け入れ、尊重する

　会議の参加者の中には、ファシリテーターと気の合う人、合わない人がいることもあるでしょう。また、会議のテーマによっては、「自分だったら絶対Aプランにするけどな」と肩入れしたくなるときもあると思います。

　しかし、ファシリテーターは中立的な立場で会議に臨まなければなりません。

　会議をする究極の目的は、「いい仕事」をすることです。「いい仕事」をする、その土台になる会議ですから、私情や好みをはさんでいる場合ではないのです。

　「いい仕事」をするためには、会議において参加者1人ひとりが「安心」「安全」な気持ちで会議に臨み、多くの意見を集めなければなりません。

　そのためには、ファシリテーター自身が、**メンバーのことを100％信じ、受け入れ、尊重するという姿勢を示すことが必要なのです。**

　具体的には、これまで述べてきたような「いいね！」と反応する、相手を否定しない、笑顔でいるなどを実践することです。

　これらはコミュニケーションのスキルですが、スキルも徹底すれば、1人ひとりの意見は多様性があり、非常に貴重で価値があることがわかり、結果として、相手を尊重する思いにもつながっていきます。

05 "場づくり"は、環境づくりも含まれる

　会議を行う環境も、少なからず配慮が必要です。

　今までの経験から言うと、いくつか会議室があるなら、窓のある明るい部屋で、かつ、「ちょっと狭いな」と感じるぐらいのスペースを選ぶことです。ちょっと狭いぐらいのほうが、参加者1人ひとりの熱量が逃げないのでちょうどいいのです。

　レイアウトは、島形式、スクール形式、コの字形式といろいろとあると思いますが、**基本的には島形式で机と机はできるだけ近づけてほしいと思いますが、**今は新型コロナウィルスにより、ソーシャルディスタンスを保った各座席の間隔を空けなければなりません。

　また、会議の種類にもよりますが、「問題発見・解決会議」なら、お菓子やドリンクは自由に。BGMもOKにするとリラックスした環境下で臨めます。

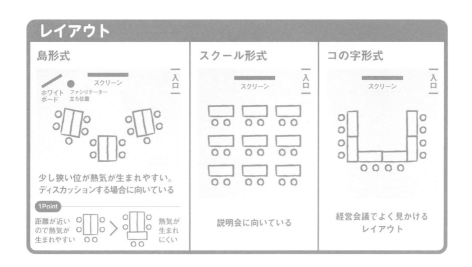

レイアウト

島形式

ホワイトボード　ファシリテーター立ち位置　スクリーン　入口

少し狭い位が熱気が生まれやすい。
ディスカッションする場合に向いている

1Point
距離が近いので熱気が生まれやすい　＞　熱気が生まれにくい

スクール形式

スクリーン　入口

説明会に向いている

コの字形式

スクリーン　入口

経営会議でよく見かけるレイアウト

06 フィードバックを もらうことが 成長への近道

　会議の最後に5分でいいので、参加メンバーからファシリテーターとしての役割についてフィードバックをもらいましょう。

　このフィードバックが励みにもなり、成長を加速させます！

　チェック項目は以下の図を参照ください。

　この図はフィードバックだけでなく、事前の開催準備チェックリストとしても使えますので活用してみてください。

チェックリスト			
会議デザイン	事前準備	目的が明確	会議のゴールが明確になっている
		アジェンダ	アジェンダが作成されている
	会議終了後	議事録	写真、必要に応じて決定事項を整理
会議進行	冒頭	前回の振返り	前回内容を簡単でいいので振り返り、参加者の意識を高めましょう！
		本日のゴール	本日の会議のゴールを参加者と握りましょう！
	エンディング	次回予告	次回の進め方も簡単に伝えましょう！
		本日の感想	本日の会議をやってみた感想を一言ずつ、全員から聞きましょう！
立居振舞い	立居振る舞い	身振り手振り「大」	なるべく全身で表現しましょう！
		常に動いている	発言者の顔が良く見えるところに移動しましょう！
		立っている	意外とマストです。ホワイトボードの近くに立ちましょう
		声が大きい	はっきりした声で、大きめで！（喉を痛めない程度に）
	イメージさせる	簡単な言葉	小学生でもわかる言葉を使う&参加者の難しい言葉を簡単な言葉に変換する
		経験談	これまでの経験談で分かりやすく伝える
	進行に専念	位置の確認	アジェンダで常に何の話しているかを確認！みんなにも意識させよう！
		意見を挟まない	意見出しは参加者を信じましょう！
	テンポ		とにかくテンポが重要！どんどん進めましょう！
	タイムマネジメント		時間厳守は気合です！

安心安全の場をつくる	受け入れる	否定しない	人の意見を否定しない
		肯定・共感	まず受け入れる!コミュニケーションの基本です!!
	感謝を伝える	ほめる	いい所を見つけてフィードバックしましょう!
		拍手	手を叩くだけです!最初は恥ずかしいかもしれませんがトライ&習慣化させましょう
		感謝を示す	感謝はしっかり言葉に出して伝えましょう!
	前向き	ポジティブ	ファシリテーターはどんな時でも前向きでいましょう!
		雰囲気づくり	安心安全の場を全力で作りましょう!(かなり重要です)
情報取集	意見を引き出す	全員に感想を聞く	徹底してやりましょう!
		傾聴	相手の関心に関心を持って聞きましょう!
情報整理&可視化	KJ法	KJ法乱用	とにかく使ってみましょう!
		例を出す	問いの答えは2~3用意しておいて、ヒントとして出しましょう
		制限しない	たくさんアイデアがでるように「なんでもいいよー」と声がけしましょう
		出てきた意見を読み上げる	意外と重要です!
		分類が早い	慣れの問題です!たくさんやってみましょう!
	可視化&具体化	可視化	とにかくなんでもいいから書き出しましょう!
		具体化	ふわっとしていることは、具体的には?ときいて誰でもわかる状態にしましょう
		ホワイトボード	とにかく書いてみましょう!
決定方法	皆の納得を大切に		全員の納得60点以上を目指しましょう!

　なお、このチェックリストはダウンロードできます。詳しくは本書の
P206をご覧ください。

07 会議の最後には 感想を共有（振り返り）しよう

　会議が終わる前に「今日の会議はどうでしたか？」と会議全体の感想も聞きます。

　「今日の会議は、納得できましたか？」という聞き方では答えてくれない人も、**「今日の会議はどうでした？　感想をお願いします」と聞くと本音が飛び出すケースは多くあります。**

　感想は、「私は、こう思った」という単なる主観なので、誰が聞いても「あなたは、そう感じたんだね」と思うだけですから、気軽に言いやすいのかもしれません。

　ちょっとした言葉の使い方を意識するだけで、参加者の"本音"を引き出す度合いは変わるのです。

　納得していない人は、口では「納得しました」と言いつつ「納得していない」ことがわかる声のトーンになっていますし、「う……ん」と言葉に詰まった様子を見ても「あ、納得していないな」とわかります。

　だから私は、参加者が納得しているのか、「感想」を聞きながら１人ひとりの答える表情や態度、声のトーンなどを確認しています。

column

メンバーを信頼し、意見をまとめる

　私は以前、メンバーを信じ切ることができず、なかなか任せることができませんでした。しかし、あることをきっかけに、考えが大きく変わりました。それからは、**自分の意見は言うけれど、無理に相手を自分の意見に寄せることはせずに、メンバーの意見をできるだけ尊重して物事を決める**ようにしました。

　こんな経験をしたことがあったからです。

　ある会議で、意思決定をする際、AかBの選択肢があり、私はAだと思いました。Aは懸念点も少なく、ある程度の成果を出すことができるからです。でも、私以外の多くのメンバーはBだと言い張ります。

　経験上、Bを選ぶと、多くの問題が発生するのがわかりました。そのため、「Aでいこう」という意思決定をしました。しかし、Aで進めたところ、少々問題が発生したのです。そのときあるメンバーにこう言われました。「園部さんの言うとおりにやったんだから、あとは園部さんお願いします」と。私が意見を押し通した手前、渋々ながらも私が中心になって業務を行いました。

　それからほどなくして、また、似たようなケースが出てきました。このとき私は、ファシリテーターの心構えである「中立であり、メンバーを100％信じ、尊重すること」を思い出しました。「ダメモトでいい。いったん、メンバーの多くが主張するBを選択して進めてみよう」と決めました。フタを開けてみると、Bは予想通り、多くの問題がありました。「やっぱり、こうなった……」そう思い、調整しようとしたら、メンバーが前回とは、まったく異なる行動をとったのです。自力で立ち上がり、上司へ責任転嫁せずに必死でリカバリーするために奔走してくれました。

　そのあとも、転びながらもその仕事をやり抜き、私の想定をはるかに上回る成果を上げてくれました。「信頼するってこういうことなのか」と、身をもって体験した瞬間でした。

このことがあり、「なんて自分はおごっていたんだろう」と、深く反省しました。この経験を境に、メンバーを信じ抜くと決め、私は部下の意見を尊重するようになりました。

　それ以降、こちらの想定をはるかに上回り活躍をしてくれるメンバーが増え、チームの状況もどんどん改善していきました。

　中立の立場を貫き、部下を信頼して任せる。頭では分かっていても、実行することはできません。でも、勇気をもって部下を信じて任せてみてください。驚くような結果に結びつくかもしれません。

第 **8** 章

オンライン会議での
ファシリテーション術

01 オンライン会議のコツは「リアルな会議室の再現」にある！

　昨今の新型コロナウィルスによる影響でテレワークが一気に加速しています。**これからは、オンラインでの会議が増えていくことは明白です。**

　私も、感染拡大防止による自粛が始まってからは、ほぼすべての仕事が延期となり、数名から100名近い参加者まで、さまざまな規模のオンライン会議や研修を実施するようになりました。

　本章では、私がこれまで培ってきたリアルの会議のスキルをもとに、ただのオンラインツールの操作説明ではなく、オンライン会議でリアルと同じ生産性を出せる方法をご紹介していきます。

　ぜひお役立ていただければと思います。

　第一線で活躍している会社員、研修講師、コーチなどオンラインを積極的に活用している人たち30名に「オンライン会議で困っていること」をインタビューしたところ、以下のような課題が浮き彫りになりました。

□オンライン会議のツールのどれを使っていいかわからない
□インターネット環境が良くない
□実施環境が良くない（騒音等）
□ツールの操作に不慣れな人がいる（使いこなせない）
□参加者の状態を把握しにくい（移動中なのか、自宅の落ち着いた環境なのか等）
□画面をオンにすることに抵抗感がある（顔出し・背景の映り込み）
□音声が聞き取りにくい（途切れる、雑音が入る）
□反応（リアクション）を捉えにくい
□話のリズムが悪い（話し出しのタイミング、かぶる）
□ちょっとしたコミュニケーションがとれない

□可視化することが難しい
□画面の共有がうまくできない
□事務局の負荷が高い
□同じ姿勢で疲れる
□そもそもオンラインに抵抗感がある

　このような問題が起きるのは、当然ながら、リアルな会議室ではないからです。リアルな会議室には、静かで声を聞き取りやすく、参加者の表情などの反応を捉えやすく、話している内容をホワイトボード等で可視化しやすい、といった利点がありますが、オンラインではそこから準備しなければいけません。

　つまり、オンライン会議を円滑に進めるコツは、特別なことではなく「いかにリアルな会議室の条件を再現できるか」にあります。

02 オンライン会議での ファシリテーターの 4つの心配り

　会議を主催するファシリテーターとして、オンライン会議の場合はリアルの会議以上に気配りが必要となります。以下にポイントを整理しました。

> 1　主催者 / ファシリテーターは通信環境を万全にしておく（カメラ・マイク）
> 2　開始5分前にはログインし、余裕を持って参加者を迎える
> 3　事前もしくは会議開始時に参加者の環境 / 操作確認を丁寧に行う
> 4　オンライン会議のルールを作成し周知する

　ファシリテーターとして、オンライン会議ではリアルの会議に加えて多くの課題が加わることになります。

　さらにツールを操作するという大きな負荷がかかってきます。

　実際にやってみるとわかるのですが、操作しながらファシリテーションするのは慣れが必要になります。人数が多い場合はさらに大変です。

　リアルの会議では、ファシリテーターと参加者だけでしたが、オンライン会議で少し複雑なファシリテーションを行う場合は、ツールを操作する人を別に立てるのも1つの手です。

　ファシリテーションに慣れている人も、オンライン会議での実践はなかなか難しいかもしれませんが、学んできたこと、リアルで実践してきたことに自信を持ってトライしてみましょう。リアルでの学びや経験は必ずオンライン会議でも生きてくるはずです。

　ここでは、この4つをもとにお伝えします。

03 自分に合った オンライン会議ツールを 選ぼう

オンライン会議を実行するにあたって、そもそもどのようなツールがあるのかわからない！　という、これから導入を検討されている方のために、2020年9月時点で代表的なオンライン会議に使われる5つのツールを紹介します。

Zoom

あらゆるデバイスでの簡単なビデオ会議とメッセージング、驚きの使いやすさを特徴とし、場所とデバイスを問わず参加できるビデオ会議サービスです。

招待された参加者は、主催者から送られてきた招待コード（URL）をクリックするだけで利用することができます。他のツールと違ってアカウントを取得する必要がなく利用のハードルが低いことが利用者の拡大につながっています。

ただし、セキュリティ面の脆弱性が指摘されていることが一番の課題であ

り、日本でも企業によっては利用禁止にしている会社もあるのが難点です。

　大人数をグループに分ける機能などもついており、セミナー、研修で利用されることが多く、個人的にはイチオシのツールです。

Microsoft Teams

　マイクロソフトのオンライン会議ツールです。**セキュリティの信頼性が高**

く、法人の部署内やプロジェクトの定期会議、企業間の定期会議など、固定メンバーの定期開催会議に向いています。マイクロソフトのアカウントを持っている場合、導入がしやすいのも利点の１つです。

Skype

　オンライン会議アプリとしての知名度は高く、老舗的な存在でもあるマイクロソフトのインターネット電話サービス（ソーシャル・ネットワーキング・サービス）です。

　ネット環境が悪いと、人数に関係なく音質・画質が低下しますので、通信が切断しやすい環境にはあまり向いていません。Skype以外で回線を圧迫すると、Skypeに影響が出る可能性もあり、利用するときにはネット環境への配慮が必要です。

Meet Now

マイクロソフトがSkypeの新機能として、ブラウザだけで動作するアカウント不要のビデオ会議サービスです。Meet NowはSkypeの機能として提供されていますが、Skypeのアカウントやソフトウェアのインストールは不要で、**ブラウザだけで動作する**ことが強みです。初めて参加する利用者のハードルが圧倒的に低く、単発のミーティングや会議にも活用できます。

Google Meet

Googleが提供するビデオ通話サービスです。ビジネス仕様のビデオ会議

ツールを使用して、チームメンバーとコミュニケーションをとることができます。

Google Meetで採用されている安全なインフラストラクチャ、セキュリティ機能、グローバル ネットワークは、Googleが顧客の情報とプライバシーの保護に使用しているのと同じものです。Meetのビデオ会議では通信が暗号化されている他、各種の不正防止機能がデフォルトで有効になっているため、会議を安全に実施できます。

今回紹介したツール以外にも多くのツールが開発・リリースされています
ので、導入を検討される場合、以下のポイント（基準）で比較するといいで
しょう。

・導入のしやすさ（ダウンロードのしやすさ）
・参加者の参加のしやすさ
・通信負荷
・セキュリティの堅牢さ
・機能
・価格

　これらのツールには無料版が用意されています。無料版では利用人数、時
間の制限がありますが、十分に機能を体感することができます。無料版を試
してから有料版を購入するかを検討してもいいと思います。

04 画面うつりを良くしよう！顔うつり、身だしなみ、背景

　オンライン会議では、ビデオ通話中の自分の画面をオン（表示）にするか、オフ（非表示）にするかという問題があります。

　個人的には画面は「オン」が基本だと思っていますが、画面をオフにする人も少なくありません。これでは表情からいろいろなことを読み取ることができず、会議に支障をきたすのは明らかです。

　画面をオフにしたくなるのは、「顔うつりが悪い」「身だしなみに気を遣う」「背景が映り込むのが嫌だ」といった理由があります。

　自宅などにいる場合、会社に出社するよりプライベートに近い状態になってしまうことがあるからだと思います。男性ならばひげを剃っていなかったり、女性ならばメイクをしていなかったり、部屋が片付いていなかったり……。といった状態を見せるのは抵抗があるものです。

　これらの問題の解決策をお伝えしていきます。

■「顔うつり」を解決する

1　カメラの角度を上からにする

　ノートパソコンを上から覗き込むと、下から映されるため、どうしても顎が強調され、実際の見た目と変わってしまう場合が多いです。本や資料などを積んだ上にノートパソコンを置くなどして、カメラの位置は少し上から映せる位置にしてみてください。断然印象が良くなります。

2　カメラの距離を少し離す

　上から覗きこむと、カメラが近くなって「アップ」になりすぎてしまいます。リアルではそれほど顔を近づけて話すことはないので、明らかに不自然です。カメラの位置を少し遠くなるようにし、自分の胸から上が映るくらい

高性能カメラを設置する

参考：ロジクール HD Pro Stream Webcam C922 [ブラック]

の距離に調整すると、相手に自然な印象を与えられます。

さらに高性能カメラを使用するとよりきれいに映し出されます。価格は
1万円前後ですので、ファシリテーターとして頻繁に開催する人などは準備
するといいでしょう。

3　リングライトで明るくしよう！

部屋の電気だけでは暗くなりがちで、疲れた顔の印象を与えてしまいま
す。それを改善するのが「リングライト」です。2000 ～ 3000円で購入でき
ます。**このライトがあるだけで顔色がとても良くなりますので、**個人的には
一番のお勧めです。

カメラを上から少し離すこと。そしてリングライトを使うこと。こうする
と本当に自然でリアルに近い感じになり、これまで抱いていた顔うつりのス
トレスから解放されます。

ライトを用意する

参考：Neewer LED
リングライト、
卓上型 10 インチ USB
リングライト

■「身だしなみ」を解決する

　自宅だからといって、ラフな格好になりすぎてしまうと、緊張感がなくなったり、何より他の参加者の気分を害したりヤル気を損ねたりします。

　リアルでも行っている最低限の身だしなみは、整えましょう。

　とはいっても、無理におしゃれをするということではなく、普段会社に行くときと同じレベルで十分です。

　体調が悪い、時間がない等というときは、最近は自動的にメイクや変装できるアプリなどがありますので、活用するという選択肢もあります。

■「背景の映り込み」を解決する

オンライン会議を日常的に行う場合は、自宅の一部はオフィスと捉えて、整理整頓を心がけましょう。

便利な機能でZoomには、背景を好きな写真に変更できる仮想背景機能があります。これはかなりの優れもので、おしゃれなリビングの写真に変更したりすることが簡単にできます。また、私「今日誕生日！」と表示したり、個人的な趣味の写真を背景にしたりすることができます。

Teamsにも同様の機能が装備されており、近い将来どのツールでも標準装備されることが予想されます。

オンラインでは雑談のきっかけ等が掴みにくいものですが、こうした背景はちょっとしたコミュニケーションのきっかけになります。

最後に、生産性の高いオンライン会議を行うためには、やはり顔出しで出席することを基本ルールにすることをお勧めします。

ただし顔出し（ビデオオン）ではネットワークに負荷がかかるという課題もありますので、必要に応じてオン・オフを切り替えられるといいと思います。

05 音声問題は 「ヘッドセット」と 「ミュート機能」で解決

　音声が聞き取りにくい、雑音が入るというのは、オンライン会議の大きなストレスの1つです。会議の生産性に重大な影響を与えますので、少しでもクリアにお互いの話し声が聞こえるようにする必要があります。インターネット環境の改善や静かで落ち着いた環境づくりはもちろんですが、他にも次のような解決策があります。

■ヘッドセットもしくは高性能マイクを使う

　PCのマイク機能は機種によって弱い場合があります。これが原因で相手に声がはっきり聞こえないことがよくあります。

マイクも用意しよう

参考：Blue Microphones Snowball iCE USB

オンライン会議の場合、できるだけヘッドセットを使用し、マイクがなるべく口元に来るようにしましょう。これだけでも全然違います。

　もしくは少し奮発して高性能マイクを購入するのも1つの手です。音声のクリアさがまったく違います。

■ミュート機能を使いこなす

　参加人数が多い場合は、どうしても環境音でざわざわしがちです。この場合、話す人以外はミュートにするなど工夫することでクリアにすることができます。

　ただし、ミュート機能は便利な半面、話すリズムが取りにくくなるのでファシリテーターがうまく発言者を指名し、コントロールをする必要があります。

06 コミュニケーションを増やすため4つのルール

　オンライン会議の最大の課題と言っても過言でないのが、反応が捉えにくいということです。これをいかにリアルの状態に近づけることができるか、これがオンライン会議のファシリテーションを行う上での最大の解決テーマです。

　画面や音声をクリアにしたとしても、どうしてもリアルに比べて、参加者の反応を捉えにくいのは否めません。当たり前ですが2次元ですし、人数が増えれば画面に映し出される1人の映像も小さくなっていきます。

　ファシリテーションを行うとき、お互いが反応を捉えるというのはとても重要です。共感してもらえているかな？　**不機嫌な人はいないかな？　など。常に人は相手の反応をキャッチしようとしています。**その中で、参加者に画面をオフにされると、相手が納得したか、理解したか、その反応を捉えることは難しくなります。参加者は画面をオフにしたほうがリラックスでき、見られているという緊張感が薄れるのでラクだという気持ちはわかります。

　しかし、会議は全員で作るもの。**お互いが反応を伝えられる、感じられる工夫をして、安心安全の場を作っていくことがオンライン会議の成功の条件となります。**私はもちろん、100％顔を出します。

　それでは、限られた条件の中で、どのようにお互いの反応を伝え合うか解説していきたいと思います。

❶ リアクションはいつも1.5倍に
　身振り手振り、表情は、いつもの1.5倍にしましょう。また、言葉にできることはできる限り「発する」ようにします。

　うなずきなどは相手に見えない可能性があるので、「いいですね！」などと、いつも以上に声に出すようにします。態度や表情で通じていたことを言

葉に置き換えるような気持ちで口に出していきます。

　メラビアンの法則は、ご存知ですか。人と人とが直接顔を合わせるフェイス・トゥー・フェイス・コミュニケーションには、次の３つの要素があります。

・言語……７％
・声のトーン（聴覚）……38％
・身体言語（ボディーランゲージ）（視覚）……55％

　この３つの要素を組み合わせて、人はコミュニケーション（意思の疎通）を図っていますが、これら３要素が矛盾した場合に、最も多いのが見た目を重視する人（信頼性に割合がある）という実験結果を示したものが、メラビアンの法則です。

　例えば、言葉では「すいません」と言っても「表情（身体言語）が仏頂面」であった場合、言葉より仏頂面のほうを「その人の意思」と受け止めることがありますよね。

　これは言語よりも、身体言語（表情）を優先したということになります。

　メラビアンの法則によれば、非言語コミュニケーション（38＋55％）のほうを、言った通りの言葉（７％）よりも信用すると、研究結果として出ています。

　つまり人は、非言語情報（声＆身体言語）から多くの情報を受け取って判断しているということなのです。

　言葉と矛盾が起きたときは、身体言語を優先して受け入れているのです。

　リアルな会議では、言葉では「YES」と言っていても、表情が暗かったりした場合、「納得していないな」「NOなんだな」とファシリテーターとしてキャッチすることができます。オンラインの会議で、そこまで読み取るのは難しい場合がありますが、だからこそ、ファシリテーター自らがいつも以

上に身振り手振りなどの非言語情報を意識する必要があるのです。

　ボディランゲージの基本は「大きくうなずく」です。それ以外にも OK のときは大きな丸を描いてみたり、拍手のジェスチャーをしたり、身振り手振りでできる限り反応を届けましょう！

大きくジェスチャーしよう！

❷ 声のトーンに感情を乗せる

　声も、大きなカギを握ります。

　声のトーンで、こちらの感情を伝えることができるからです。

　いつも以上に声のトーンに感情を乗せることで、場づくりを演出します。

　先ほど、メラビアンの法則についてお伝えしましたが、オンライン会議のときは身体言語が減少するので、これまで以上に声のトーンでメリハリをつける、身体表現していたことを「声に出す」といったことが重要となります。

❸ ツールのコミュニケーション機能を活用する

ツールによっては「いいね！」や「拍手」を表現するアイコンが用意されています。また、チャットなどに書き込んでもいいと思います。**積極的に活用しましょう。**

❹ ルールをつくる

このように反応を伝えることを全員で意識・実行することを「ルール」にするといいと思います。1人だけやっていると恥ずかしいかもしれませんが、ルールとなると各自実践しやすいものです。ファシリテーターとして、会議の冒頭で少し時間を取ってでも、説明するといいでしょう。

ファシリテーターが積極的にこれらのことを実施するのは言うまでもありませんが、これまで以上に1人ひとりがコミュニケーション力を高める必要があります。

07 オンライン会議でも ホワイトボードで 意見を可視化＆整理する

　オンラインでは、どうしても議論が中心となり、発言内容をホワイトボードに書いて可視化したり、付箋を使ってＫＪ法を実施したりすることは難しくなります。ツールによってはホワイトボード機能などもありますが、どうしてもリアルのときほどの使い勝手にはなりません。

　解決する方法はエクセルやパワーポイントを立ち上げ画面共有することです。発言者の内容を適宜入力すればホワイトボードと同じように可視化することができます。これはのちの議事録としても活用できるのでぜひやってみてください。

　その他に、**小さいホワイトボードを活用することです。100円均一ショップなどで売られている大きさや質で十分です。**ファシリテーターとして、手元で参加者の発言をホワイトボードに書いて整理しながら、随時、カメラに映すことで参加者と共有することができます。

100円均一のホワイトボードも活用できる

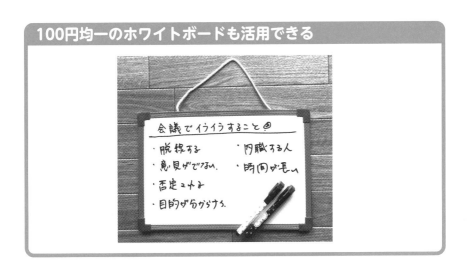

なお、意見の可視化については様々なアプリが開発されていますので、そ
れらを順次使いこなせるようになることも今後ファシリテーターに求められ
てくるだろうと思います。
　また、ＫＪ法を使う際は、Google のスプレッドシートが同時編集可能な
ので、ファシリテーターも参加者も話しながら同じシートを閲覧して会議を
行うことができます。ただし、かなりの上級編となり、リアルでＫＪ法に慣
れた人たちで試してみることをお勧めします。

08 大人数でもディスカッションの味方！「Zoomのブレイクアウトセッション」

　会議の参加者が多いと、１つのテーマで議論することが難しい場合があります。また、ワークショップのように複数チームで同一テーマを検討し、各チームの検討内容を共有するようなことが、オンラインではとてもハードルが高くなります。でも、**そんな悩みを解消してくれるのがZoomのブレイクアウトセッション機能です。**

　ブレイクアウトセッション機能は、好きな人数に分割することが可能。例えば10人で会議をしていた場合、５人２グループに分けることができます。時間も自由に設定でき、１時間の会議の場合、最初の20分は全員で、次の20分は５人２グループに分かれてディスカッションし、最後の20分はまた全員で行うようにするなど、自由に設計することができます。

　これは研修講師をする際などには欠かせない機能です。また、社内のワークショップなどを行う際にファシリテーターが使いこなすことで場をぐっと盛り上げることができます。また、大人数への説明会などでも、ある程度説明したら３〜４人のグループに分けて感想共有などすることで、一方的な説明会にならず参加者の気持ちを上げる効果もあります。ぜひ、使ってみてください。

　ただし、Zoomは一部の会社では安全性の問題から使用禁止になっています。Zoom日本法人によれば適宜改善して現在に至るそうです。Zoom以外に、例えばMicrosoft Teamsなら事前に設定を行えば、グループセッションができます。

09 オンライン会議で気をつけたいその他のポイント

オンライン会議の課題について、その他の解決策や工夫するポイントを解説していきます。

■静かで落ち着いた環境をつくることが会議マナー

会議は、静かで落ち着いた環境で行うことが基本です。そのためにリアルでは会議室があるのですが、オンラインでも同様です。

自宅だと、子どもがパソコンをいじってしまう。カフェだと、環境音でざわつく。移動中だと、落ち着いて話せない。**人それぞれ事情はありますが、静かで落ち着いて話せる環境を作ることもマナーであると心得ましょう。**

自宅の場合は、何時からオンライン会議をすると家族に事前に言っておくこと、家族とは別の部屋に移動することが大事です。移動中、カフェ等からの参加の場合は、事前に主催者に相談しましょう。主催者が参加者の状態を把握していると、会議中でも臨機応変に対応してくれます。

また、自分が主催者の場合は、会議招集の際に、静かな環境で話せることを参加条件として、日程調整をするなどの工夫も必要です。

■インターネット環境を改善しないと会議で取り残される

「落ちた！」。再度ログインして、少ししてまた「落ちた！」。

参加者の中にこのような状態の人がいたら気になって会議どころではありません。これまでオンライン会議でも会社の支店間等、比較的ネットワーク環境が良いところであれば問題ありませんでしたが、テレワークでは個人のWi-Fi環境に左右されてしまうことが現状だと思います。

快適にオンライン会議を行うには、ネットワーク環境の強化が最優先です。私が複数のオンライン会議のサービスを使用してみたところ、サービス

によっては通信負荷の高いものもあり、ネットワーク環境の高い人としか会話が成立しませんでした。また、マンションなどの共有 Wi-Fi の場合、利用者が多い時間帯などは不安定になることもあります。月額数千円のコストはかかってしまいますが、投資を惜しまずに自宅での Wi-Fi 環境を整えることが重要です。

■「順番に指名」「発言のサイン」で会話のリズムを良くする

会議ではテンポが大事で、会話もリズムが乱れるとイマイチ盛り上がりに欠けてしまいますが、オンライン会議では話し出すタイミングが取りにくいものです。

ここは、ファシリテーターが積極的に進行管理します。リアルのときと同じように、順番に指名するようにしましょう。

ただし、オンラインの場合には、1画面におさまらない人数の場合、誰に発言してもらったかがわからなくなるため注意が必要です。リアルと違って、コロコロ画面の位置が変わりますし、自分と参加者が見ている画面での人の並びが同じとは限らないので「時計回りで1人ずつ話してください」といった方法も使えません。

こうした状況に陥らないためには、ファシリテーターは「参加者名簿」を手元に用意し、発言を促すときはその名簿を見ながら行うと、指名モレやダブりを回避できます。また、発言するときは挙手する、もしくはなんらかのアイコンでサインを出す等のルールを事前に決めておくのも、発言のコントロールをスムーズに行うコツです。ファシリテーターは、リアルのとき以上に、テンポよく進行するように心がけましょう。

■参加者への個別対応で「ツールに不慣れ」を解消する

そもそも現状では、オンライン会議に大きな抵抗感を抱く人が多くいるのは否めません。理由としては「操作がよくわからない」「覚えるのが面倒」だという人が多いようです。会議が始まってから、ログインできない、音が

聞こえない、画面が見えないといった人がいると、その人の対応に時間を取られ多くの人の時間を無駄にしてしまいます。

　こういったことがないよう、ファシリテーターは、会議前にできる限りの準備をしておきます。私は、会議開始時間の15分前に「会議室」を開場し、操作に不慣れ、不安な方向けにレクチャーする時間を取るようにしています。画面オンオフ、マイクオンオフ、チャット機能、画面共有方法等、基本的なことを教えるだけで随分と違います。きちんと画面が映っているか、音が聞こえるか等通信環境の確認もします。ログインできない、などもよくあることですので、この時間でなるべく解消するようにします。

　また、会議のオープニングでは念のため基本操作や通信環境の確認を全員と行います。アイスブレイク代わりに１人ずつ軽く話してもらいながら確認するのもいいでしょう。こういったことをある程度時間をとって対応することも当面は必要ではないかと思います。

■15分に１回の「伸び」でリラックス状態をキープする

　オンライン会議は最初慣れないこともあり、リアルな会議より疲れを感じることがあります。画面を注視することで、同じ姿勢になりやすいのも原因の１つかもしれません。リアルな会議では１時間以上の会議でない限り休憩をとることはありませんが、**オンラインではこまめに伸びを意識的にして、なるべくリラックスした状態をキープできるようにしましょう。**ファシリテーターが「少し伸びしましょうか？」と声がけし、15分に１回程度軽く伸びを参加者全員でするように促したいものです。

■名刺交換について

　Sansan などデータで名刺管理するサービスを提供する会社が「オンライン上で名刺交換できるサービス」をリリースしています。初対面の場合、名刺をもらうと「お付き合いが始まるな！」という気持ちになるので、活用してみるといいかもしれません。

ファシリテーターの
会議に臨む態度

　以前、参加者の方に会議中の私の様子を観察してもらったことがあります。この結果を見て、ファシリテーターである自分はどう思われているのか、改めて自分を見直す良いきっかけになりました。ぜひ参考にしてみてください。

声・表情				立居振る舞い		
笑顔	声	テンションが高い	ユーモア	身振り手振りが大きい	目を見る	立っている
笑顔	声の強弱、トーンが変わる	テンションが高い	ユーモア	良く動K	1人1人と目を合わせる	立っている
笑顔	声	元気	楽しく面白く話す	行動が大きい	全ての人に均等	立って話す
笑顔	声が高い、大きいが聞きやすい		飽きさせない	手振り	目を合わせる	立っている
笑顔	声がはっきり			手の動きが激しい	人の目をよく見る	
笑顔	声に抑揚			ジェスチャー（手振り）	アイコンタクト	
笑顔	声が大きい			身振りが大きい		

話す言葉・内容・テンポ			受け入れる（承認・共感）			
簡単な言葉を使う	体験談・具体例	テンポがいい	受け入れる	いいね！（リアクション）	否定しない	雰囲気づくり
言葉をシンプルに言い替える	体験談が面白い	テンポがいい（勢いが大切）	褒める	イイね	否定しない	良いムード作り
小難しいことを言わない	具体例を挙げて説明	テンポが良い	みんなの意見の後に拍手	楽しそう！	否定しない	ラフな雰囲気
分かりやすく置き換える	たとえ話をする	テンポが良い	意見に対し承認・共有（拍手などで）	何でも来いスタンス	否定しない	服装がラフ
	事例を挙げる	話の終わりに「ハイ！」という（切る）	話を切らない	イイね！	ネガティブコメントなし	いい雰囲気
	寿司職人に例える	テンポよく話す	意見が通る	イイですねの相づち	否定しない	話しかけやすい雰囲気
	分かりやすい例を出す		拍手	発言に合いの手を入れる		チャレンジOKな雰囲気づくり
	プライベートのことを良く話す		拍手	いいね！		
	笑い話			褒める		

これを見て、気がつくことありませんか？　声、表情、立居振舞、テンポ、受け入れるなど「場づくり」に関する項目が圧倒的に多いですよね。

　実はここに挙げていただいた内容は、実際の会議の場面でとても意識をしています。

　感情を表に出すことが苦手な人にとっては、ジェスチャーをしたり、はきはきと大きな声を出すことには少し抵抗があるかもしれません。取り入れられるかどうかは、能力よりも、心理的ハードルのほうが大きいように思います。

　ここに挙げられている項目の1つひとつは、誰でもできることばかりです。これまでにも話をしてきましたが、コミュニケーション能力が低かった私でも、できるようになったのですから、みなさんにもきっとできます。

　ファシリテーションをする際、少しずつでいいので、ぜひ取り入れてみてください。

よくある質問に
最強ファシリテーター
園部が答えます！

ここでは、これまで数多くのファシリテーション研修を行ってきた中で、質問される確率が高い項目についてQ＆Aにまとめました。

Q01 ファシリテーターは自分の意見を言ってはいけないのでしょうか？ 絶対中立でしょうか？

A ファシリテーターでも、問いに対する意見を言って大丈夫です。ただし、合意形成をするときに自分の意見に寄せないように注意しなければいけません。あくまで一意見として出し、全体の意見と併せて中立的な立場で合意形成するようにします。

Q02 会議のファシリテーターは誰がやるべきですか？ 新人でもベテランでもいいのでしょうか？

A その会議を主催した人（招集をかけた人）が実施するのが原則だと思います。役職、年齢は一切関係ありません。新人でも任されている仕事がある場合、その仕事でメンバーに意見を聞いてみたいケースなどにミーティングを開催することがあると思います。そのときは、新人でも会議を企画した人がファシリテーターを引き受けましょう。

Q03 会議のとき、参加者や部下の立場でできることはありますか？

A 会議は、ファシリテーターだけでやるものではありませんから、参加者の意欲や姿勢はとても重要です。ファシリテーターを支援するぞ！という気持ちで会議に参加し、できることや気がついたことを実践してくれるだけで、ファシリテーターはとても助かります。

具体的には

・積極的に発言してくれる（盛り上げてくれる）

・会場準備を手伝ってくれる

・反応してくれる

これだけでも十分うれしいです。

Q 04 会議にベストな参加人数はありますか？

A 適正人数は4～6人です。3人以下だと、意見の多様性が少なくなり、様々な立場の意見をすくい上げるのが難しくなります。逆に7人以上だと傍観者が出るおそれがありますので、多くても7人でギリギリです。8人以上の場合は、2つのグループに分けるといいでしょう。

Q 05 ファシリテーターは、会議の結論に関して落としどころを事前に考えておくべきでしょうか？

A 考えておくべきだと思います。私は、会議で話し合う問いについて、自分なりの答えが出てくるかは、アジェンダを考えるときに大事にしています。自分でストーリーが描けるということは、「良質な問い」が立てられている証明になるからです。自分がまったく思いつかない問いは、メンバーもアイデア（意見）が出せない可能性が高いのです。

Q 06 アジェンダをつくる前に、どんな情報を収集しておくべきでしょうか？

A 私は、あまり事前に情報収集することはありません。しいて挙げるとするならば、参加メンバーの状態（状況）は把握しておくといいかもしれません。元気なのか、多忙なのか、仕事に納得感を持っているのか等の状態です。

Q 07 会議にかかる時間を自由に設定できる場合、アジェンダと時間のどちらを先に決めますか？

A アジェンダが先です。ゴールを考え、達成するための問いと流れを設計します。所要時間を自由に設定できるのであれば、会議を終了して自分が議論内容を整理しないと次のステップに進めないところまでを、1つのアジェンダに組み込みます。

Q08 信頼関係が成立していない、つまり心理的安全性が低いメンバーの中でファシリテーションをする場合、気をつけるべき点は何ですか？

A 会議中だけで参加者同士の信頼関係（心理的安全性）を高めることは難しいので、私ならファシリテーターとして以下のようなことを徹底します。

・参加者の発言を否定しない

・どんな発言も受け入れる姿勢でいる

・笑顔でいる（過度にならない程度に）

そして、参加者にとって会議が安心安全の場となるように、「仕事の目的」を再確認したり、「お互いの経験値や得意分野を掛け合わせて、チームの成果を最大にしましょう」といった、力を合わせることで全員が幸せになることが伝わるような声がけもしたりするように心がけます。

さらに、会議以外の場で参加者1人ひとりに声がけをして、個別に話を聴くことも行います。会議中だけでなく、日頃から関係者と丁寧なコミュニケーションを地道に取ることが、結局は改善への近道となると思っています。

Q09 会議の冒頭で、「積極的に参加しないと損ですよ」「その態度が周りに迷惑ですよ」といった参加メンバー教育は行うべきでしょうか？

A 冒頭でマインドチェンジするような声掛けはしません。積極的な参加を促す意図であっても、参加者の言動を牽制するような声がけは逆効果になることもあります。それより会議全体の設計を工夫します。例えば、傍観者になれないように、KJ法など必ず巻き込まれるワーク等を通じ、徐々に参加意欲を高めるように設計したほうが、無理がありません。

Q10 自分の知らない専門的な内容の会議でのファシリテーションを任されることが多く、会議のスピードに思考が追いつきません。改善方法はありますか？

A ファシリテーターは場づくりと議論のステップをリードするのが役割ですから、内容が専門外でも本来は対応可能です。

私は、いろいろな業種の会社の経営会議、役員合宿などのファシリテーションをしています。当然、専門的な内容はわからないことがありますが、進行に差し支えはありません。専門分野の勉強より本書で説明した問題解決フレームワークと、ＫＪ法をメインとする整理する技術を確実に実践できるようにすることをお勧めします。専門的な内容であっても、ビジネスフレームワークや整理する手法は、ある程度パターン化されていますので、自信を持ってください。

Q11 会議でＫＪ法を提案しましたが、受け入れられませんでした。そうしたときのリカバリー策を教えてください。

A 参加者１人ひとりに同じ質問をして、ひたすら順番にコメントを求めていきます。それらのコメントをすべてホワイトボードに書いて、最終的にはＫＪ法と同じようにカテゴライズをして、ポイントを整理します。

Q12 万能と思えるＫＪ法ですが、欠点はあるでしょうか？

A 私の経験ですと、参加者の80％はＫＪ法に賛同しますが、20％は不機嫌になる可能性があります。それは、どのような人かというと、いつも会議で長々と話をする人です。これまでは自分がたくさん話せて満足だったのに、ＫＪ法の場合は切れ味良くシンプルに自分の発言をまとめないといけません。これは、普段長々と話していた人にとってはとてもストレスです。こういった人が不満を溜めていたら時間を区切って少しガス抜きの時間をあげるのも必要です。

Q13 会議中、ファシリテーションをしていても、緊張したり予想外の意見が出てきたりなどして、いろいろな情報の整理ができません。どのような経験や訓練を積めばいいでしょうか？

A 頭の中だけで整理することは難しいです。慣れないうちは、間違うのが恥ずかしいと遠慮がちになってしまうかもしれませんが、まずはとにかく可視化しましょう。あれこれ一気にやろうとするのではなく、1つひとつの意見に向き合い、丁寧に整理することが重要です。

その際には、やはりＫＪ法が役に立ちます。ＫＪ法が身につくまでは、大変でも諦めずに何度も会議で実践して、反復練習をしてください。また、どうしてもできない場合は、会議中にすべてを整理しようとせず、会議中はアイデアだけたくさんもらって、会議後に落ち着いて整理するというやり方でもいいと思います。

Q14 そもそも参加者は、アイデアを発想するのが苦手なスタッフばかりです。どこまでのアウトプットを求めるべきでしょうか？

A アウトプットの良し悪しは「問い」によって決まることが多いです。つまり、参加者ではなくファシリテーターの問題です。一足飛びに答えを求めるような問いだと、参加者もうまく意見を出せません。小さな問いを積み重ねるなど、相手が答えやすい問いを考えましょう。

また、ファシリテーターが心から参加者を信じて、心理的に安全な環境をつくることも重要です。ベストな環境で良質な問いがあれば、参加者もきっと良いアイデアを出してくれます。これは経験上本当の話です。

Q15 会議中、脱線話で盛り上がっているところにうまく介入するにはどうしたらいいですか？

A 空気が悪くなければ、すぐに遮る必要はありませんが、少しでも話が途切れたところで、「はい！じゃあ○○（本来の議題）に移りましょうか！」と、元気よく介入しましょう。

ファシリテーターが会議のゴールを明確に意識して進行していれば、自信を持って介入しても参加者からの不満は出ないはずです。

Q16 会議中に場を乱す人、怒り出す人、感情的になっている人にはどのように対処するといいのでしょうか？

<u>A</u> そうした人に乗せられて感情的になるのは、厳禁です。冷静さを保ちつつ、次の２つの基本方針を肝に銘じて対応します。

・**こちらも感情的にならず、落ち着いたトーンで「○○さんは○○が気になるんですね」といった感じで、その場はその人の発言を受け入れます。**

・**会議中にどうにかしようとは思わず、会議後フォローするようにします。**

会いに行って、とにかく話を聴いてあげることで、きっと怒りは収まると思います。人は話を聴いてもらえると少しずつ怒りが収まるものです。

ただ、このような状況は事前に回避できることが多いので、そうならないようにアジェンダをしっかり設計して事前準備をします。

例えば、部門間会議などでは、営業部や制作部など利害が対立するメンバー同士の対立は起こり得るものとして想定します。そして怒り出しそうな人や場を乱しそうな人には事前に説明しておきます。メンバーも会議でいきなり持ち出されるよりは心構えができますし、そのときに反対意見や文句、グチが出るようなら否定せずにとにかく聴いて怒りを鎮めておきます。こうして根回ししてガス抜きをしておくことで、会議本番でのトラブルが避けられるものです。

Q17 悪気はないことはわかるのですが、人の話をすぐに横から取り上げて話し出す人、また話が長い人などはどのように対処するといいのでしょうか？

A 会議の最初に「発言は、1人ずつ順番に簡潔にお願いします」と伝えておきます。こうした前ふりで、ある程度は防ぐことができます。

会議中に発言を求めるときには、「それでは、○○さんから時計回りで一言ずつ感じたことをお願いします！」と始めます。参加者の発言中に、別の人が途中でカットインしてきたら、「あと少しで○○さんの番が回ってきますので、少しだけお待ちください」と優しく声がけします。逆に話が長い人には、途中で「すいません、できれば簡潔にお願いできますか？」と介入します。ファシリテーターの許可なく発言してはいけない！　くらいの気概を持って臨みます。自由に発言されることはファシリテーターのコントロールを失うことになります。これが徹底されてくると、発言したい人はファシリテーターに挙手して発言の許可をもらうようになってきます。

Q18 合意形成で感情的なぶつかり合いになったときはどうしますか？

A 意思決定マトリクスなどでできる限り合理的に決定できるようにします。例えば「○○さんは一番○○が気になるんですね。それも重要な基準の1つですよね。それでは、その基準も含めて、いったん基準を全部洗い出して可視化し、意思決定マトリクスで整理してみましょう」などと、感情的にぶつかっているメンバーの誰も否定せずに、手順を踏むように促します。

また、こうしたぶつかり合いを減らすためには、以下の合意形成のルールを最初に必ず確認しておきます。

・時間内は全力で全会一致を目指す（みんなの意見を聞く）
・時間内に全会一致にならなかった場合、リーダーが決定する
・このステップで決まったことには全員従う

Q19 会議の結論に納得していない人を見つける方法はありますか？

A 納得していない人は、態度や表情に出すものなので、ファシリテーターは
よく観察しましょう。

さらに、最後に会議の振り返りをすることでもわかります。「最後に今日の
会議の感想をシェアしましょう。一言ずつお願いします！」といった声かけ
で、本心を引き出すようにします。このとき、納得度の低い人は少しネガティ
ブな発言をしたり、態度に示したりします。必ず会議後にフォローを入れる
ようにしましょう。

Q20 ファシリテーターという文化が会社にありません。どう導入したらいいですか？

A まずは自分が実践して、その有用性や可能性を周囲に示していくことだと
思います。私は、自分がファシリテーションのセミナーを受講し、自分が主
催する大小様々な会議で愚直に実践した結果、上司や同僚がファシリテー
ションに興味を持ち始めてくれました。さらに、学んだファシリテーション
スキルを「他の人に教える勉強会」も実践していきました。

Q21 オンライン会議だと、ちょっとした雑談やコミュニケーションが取れなくて少し物足りなく感じる時があります。解消する方法はありますか？

A 積極的にアイスブレイクを取り入れるようにしましょう。「最近のトピッ
クスを1人1分で！」といった感じで、短い時間でも仕事とは関係のない話
をすることで緊張がほぐれるだけでなく、繋がりを感じられるようになりま
す。また、私は意識的に余裕があるときは5分前くらいに入場するようにし
てます。同じように早めに来ているメンバーがいることが多く、開始時間ま
で短い時間ですが雑談で盛り上がることがよくあります。

Q22 オンライン会議で初対面（外部の方で）の場合、何か注意すること
はありますか？

A 5分前には余裕持ってログインするようにしています。「飛び切りの笑顔
で挨拶をする！」を目標にして、10分前から意識していい状態になれるよう
に精神統一してます。

Q23 オンラインリテラシーの低い人に操作説明などの時間をとられてし
まいます。何かいい解決策はありますか？

A そういった方がいると予想される場合は、開始15分前に入場してもらうよ
うにお願いし、基本的なレクチャーを開始前にすませます。少し手間はかか
りますが、同じ会社の仲間ですし、おそらくオンライン会議が浸透するまで
のことだと思いますので、広い心でフォローするようにしましょう。

＼ 実際に参加してみよう！／
ファシリーテーション 実況中継！

ここからは、13 〜 14 時の１時間の会議と仮定して、会議当日の時間の流れを追いながら、私が会議でどんなことに気をつけながら行っているのか、"誌上実況中継"を交えながらお伝えするので、実際のイメージをつかんでください。

12:55 ▶ **会議室に入る**

　会議当日、心がけたいのが、開始時間は絶対に守ること。

　そして、笑顔でテンポ良く、時間管理をしながら臨むことを自分に言い聞かせます。まずは自分自身が良い状態になるようにマインドセットしましょう！　**早速オープニングから見ていきましょう。**

13:00 ▶ **会議開始！**
オープニング
本日の進め方

園部

お疲れ様です。時間になりましたので会議改革プロジェクトの会議を始めたいと思います。
よろしくお願いします！（明るい声のトーンで）

今日の流れですが、まずは、アジェンダを見てください。
アジェンダに記載されている通り、今日は「会議の課題の洗い出し」と「重要課題の特定」まで議論していきたいと思います。今日はとにかく会議の課題を洗い出して、重要な課題を特定するところまで進めたいと思います。これが「ゴール」ですので、よろしくお願いいたします。

アジェンダを共有する

項目	詳細				
会議名	会議改革プロジェクト（第×回）				
日時 場所 参加者 ファシリテーター	20××年×月×日（×）　13：00〜14：00 ○○会議室 職場改善プロジェクトメンバー（5名） 園部（リーダー兼ファシリテーター）				
会議の目的・ゴール	・会議の課題が洗い出される ・洗い出された会議の課題の中から「重要な課題」が特定される				

進行内容		進行目安			時間
1．オープニング					
・本日の進め方	説明	13:00	13:03		3分
・アイスブレイク（最近楽しかった事！1人30秒）	シェア	13:03	13:05		2分
2．議論内容					
1）会議の課題を洗い出す					
・会議でイライラすること、課題だと感じる事！	KJ法	13:05	13:25		20分
2）重要な課題を特定する					
・投票→意見交換→リーダーによる決定	合意形成	13:25	13:50		25分
3．クロージング					
・振り返り（感想の共有） 終了		13:50	13:55		5分

┌─ POINT ─────────────────────┐

🔲 **最長5分以内に話そう**

オープニングは最大5分間とっていますが、3分でも、それ以下でも構いません。

🔲 **会議で何をするのか、目的やゴールを明確にする**

今日の会議で何をするのか、どこまで決めるのかを冒頭で明確にすることで、ファシリテーターと参加者の意識を共有します。

└──────────────────────────┘

13:03　`アイスブレイク`

園部

それでは、続いて、アイスブレイクに移りましょう。

今日のお題は「最近楽しかったこと！」です。ぜひ、楽しい話を聞かせてください。1人30秒で。いつものルール通り、聞いているみなさんは通常の1.5倍の笑顔と大きめのリアクションでお願いします！

じゃあ、Aさんからいきましょうか。Aさん、楽しかったことを30秒くらいでお願いします。

最近、数年前になんとなくやめてしまったヨガを再開したんです。そうしたら、かなり心身にいい影響が出ることがわかりました。風邪をひきにくくなった気がするし、何よりリラックスできる。仕事

Aさん

にもいい影響が出そうです。

園部

拍手〜！

園部

はい！　ありがとうございます！　ヨガ、いいですね。自分を癒すってことですね。はい！　では今度は、Bさんお願いします。

園部

みなさん、ありがとうございました。

POINT

❗1人の持ち時間を決める

「1人1分で」と持ち時間を決めて、1人ずつ順番に話してもらいます。もっと短めでいいなら「一言ずつお願いします」でもいいでしょう。

❗「はい！」とあえて言って次の人へ

1人が話し終えたら、「はい！」と大きめの声でいったん区切ります。「はい！」で区切らずにいると、話し終えたはずの人がまた「あっ、それで思い出したんですけど……」などと話し続けてしまいます。「ヨガ教室、いいですね。自分を癒すってことですね」と“合いの手”を入れたあとは、「はい！」と大きめの声でいったん区切って、「では、次の人。Bさん」という形でバトンを渡します。

！拍手を随所に入れる

ファシリテーターにとって会議をスムーズに進める潤滑油の役割を果たすもの。それが、拍手です。拍手が必須の場面は、参加者が話し終えたとき。話し終えて拍手をするのは、一区切りつける意味もありますが、拍手をされた側は、「自分の意見が受け入れられた」という気持ちになるからです。会議中は、参加者1人ひとりが「安心安全な場だ」と思えることが、本音の意見を引き出すことにつながりますが、拍手はその後押しをすると言えるのです。また、6人いたら6回分の拍手の音が入るので、テンポのよさにもつながります。

13:05　**議論**

会議の課題を洗い出す

　次から、いよいよ会議の本題に移ります。例では、「会議の課題を洗い出す」ことについてお伝えします。

園部

では続いて、本日の本題の1つ目。会議の課題を検討するため、「KJ法」を使って整理していきたいと思います。

Time	会議の流れ	備考

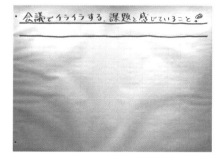

園部

今回のタイトルは、「会議でイライラすること、課題と感じていることを洗い出す」です。みなさん、会議でイライラすること、あるいは、課題と感じることは何ですか?

─ POINT ─

!! 事前にアジェンダで考えておいた「問い」が役に立つ

今回は、会議のテーマを「会議の課題を洗い出す」に設定。「会議でイライラすること、あるいは、課題と感じていることは何ですか?」とストレートに聞きました。この「問い」は、事前にアジェンダを作成するときに考えておくものです。「問い」を考えたら、それに対する答えが何かというのは、ある程度想定できます。"おおよそ"を事前にシミュレーションしておくことで、当日、心の余裕にもつながります。

これから、お手元にある付箋に、ありっ

園部

たけの会議のイライラポイントを書いて
ください。会議の主催者側、会議の参加
者側、どちらの立場で書いていただいて
もけっこうです。
イラつくこと、いっぱいありますよね？
　あと、奇をてらった意見、気のきいた
意見を意識する必要はありません。日頃、
イラついていること、当たり前と思うこ
とをそのまま書いてください。

付箋に書くときのルールは3つあります。
ルール1、付箋1枚に1ネタ
ルール2、サインペン太い方を使って書く
ルール3、付箋をはがすときは、横にはが
す。
この3つがルールです。

付箋は、めくる感じではがすのではなく、
横にはがすようにすると、模造紙に貼っ
たときにはがれにくくなるんですよ。
ちょっとした豆知識です。

では、今から会議でイライラすること！を３分間でありったけ書いてください。どうぞ！

園部

ほんと、いろいろなイラつくことありますよねー。

ああ、「時間通りに終わらない」。いやー、あるあるですね。長々話す人がいる。これもいやだなあ～。

全然意見が出ないとか。もう、ご自身で思う"会議あるある"をたくさん書いてくださいね。枚数制限はありませんよ！

付箋は１枚、１ネタ。時間の許す限り、10枚でも15枚でも書いてください。

園部

残り20秒です。今書いているもので、いったん区切りましょうか。はい！　時間になったのでここまでにしたいと思います。

POINT

🔲 3分間で付箋に書いてもらう

参加者が付箋に書く時間は3分間。その間に1つの意見につき1枚、制限時間内ならいくらでも意見を書いてもらいます。

🔲 付箋に書いている間、声がけをする

参加者が付箋に意見を書いているとき、ファシリテーターがただ黙って時間を計っているのは威圧感があるため、時間を気にしながら「どんな意見でも構いませんからね」「思いつきでもいいのでたくさん書いていいですからね」などと話しかけます。「付箋で意見を集める」のは、参加者1人あたりの数が多ければ多いほどいいです。質より、量。参加者の頭の中にある情報（意見）をここで全部一気に出してもらうことが重要。

13:10 ▶ **整理**

園部

じゃあ、整理していきましょうか。では、Aさん、なんでもいいので書いてある付箋を1枚、私にいただけますか？

「意見が出ない」。

Aさん

園部

「意見が出ない」。会議でよくありますよね。他に、「意見が出ない」に似ているなと思うものを書いた人はいますか？
あ、Cさん、Dさん！　同じことを書いていますね。

Eさんは……、「声の大きい人に圧倒されて自分の意見が言えないまま終わる……」。これも結局は意見が言えないと同じですね！　じゃあその意見を私にください。たくさんありますね〜。

だいたい大丈夫ですかね？　1列完成しましたね。では、新しい意見に移りましょう。では、Bさん、何か1枚ください。

話しながら、模造紙にペタペタ貼っていく

え〜っと、じゃあ、「目的がない！」

Bさん

園部

おー、せっかく集まったのに目的がよくわからない、何の会議なのかよくわからないってやつですね〜。「目的がない」とか「目的が不明確」に類することを書いた人は、その付箋を私にください。

「何で集まったのかわからない」。

Cさん

園部

これも「目的がない」に分類していいで
すよね。「結局、何がしたくて集まったの
かわからなかった」。これも、「目的がない」
に入れていいですよね。
もう目的不明確に似ているのはありませ
んか？　なさそうですね。よし2列目も
完成したぞ。ではCさん、新しい1枚の
付箋を私にください。

「内職する人がいる」。

Cさん

園部

あー、いますよねー。ノートパソコンカ
タカタ音をさせている人。会議に参加し
てない確率が高いですよね。では、この

意見と似ているのを書いた！　という人はいますか？

E さん

「会議に無関心」。似てるかな。

園部

似てるかなと思ったらとりあえず私にください。

E さん

「無関心」と「内職」って違いますか？

園部

会議に参加する気がないって意味では似てますね。ほかに「無関心」に似ているの付箋を持っている人はいますか？
あー、けっこういますねえ。全部ください。

E さん

「早く帰りたそうな雰囲気が出てる」。

園部

このあたりも「無関心」枠に入りそうですね！　Ｄさん、何か付箋を1枚ください。

う〜ん。「事前準備不足」。

Dさん

園部

ありますよねえ、事前準備不足。これは、会議の主催者側の意見ですね。似たものを持っている人はください。
お、これはかぶらない感じですね。そうしたら、この意見は、「その他」に格納しておきましょう。

ありがとうございます！　全員の付箋はなくなりましたね。では、カテゴリごとに見出しをつけちゃいましょうか。

このような感じで、全員の手札がなくなるまで進める

完成！　完成したイメージ図は、次のようになります。

問い：会議で困っている事、イライラすること！

意見がでない	目的不明確	無関心	話が長い人がいる	結論がない（まとまらない）	脱線する	時間通り始まらない終わらない	否定される	雰囲気が悪い	その他
意見が出ない	目的がない	内職している人がいる	話す人が限定	結論が出ない	脱線する	遅刻者がいる	否定する人がいる	盛り上がらない	事前準備不足
意見を言わない人がいる	何で集まったのか分からない	会議に無関心	意見を言う人に偏り	決まらない	脱線	時間通り始まらない	否定しない人がいる	ネガティブな雰囲気	議事録が大変
声の大きい人に圧倒されて自分の意見が言えないまま終わる	結局、何がしたくて集まったのか分からなかった	つまらなそうにしている	話す人が限られている	まとまらない		時間オーバー	否定される	雰囲気が悪い	声の大きい人の意見で決まる
意見が少ない		早く帰りたそうな雰囲気が出てる	意見・発言者の偏り			時間通り終わらない	否定発言	暗い	
			意見を言わない人がいる			時間がかかる	文句が出る	重苦しい雰囲気	
			話が長い人がいる			時間が長い			

園部

全部で10カテゴリですね。
・意見が出ない　・目的不明確　・無関心
・話の長い人がいる　・結論が出ない
・脱線する　・時間通り始まらない、終わらない　・否定される　・雰囲気が悪い
・その他
その他の少ない意見が、事前準備不足、議事録が大変、声の大きい人の意見で決まる、の３枚になりますね。こうして見ると、どうです？　うちの会社の会議って、問題がありすぎですね～。

Time	会議の流れ	備考

POINT

🚩 模造紙に整理していく

参加者が書いた付箋1枚1枚を読みあげながら模造紙に整理していきます。基本的には、同じような意見をまとめて、カテゴリをつけて分類していくだけです。この例では「その他」を含めて10に分類していますよね。カテゴリの分け方ですが、参加者が5〜6人の場合、およその目安で7〜10に分類できればいいです。例えば、模造紙に「意見が出ない」というカテゴリを作ったら、その下には「意見が出ない」に類似する意見（付箋）をどんどん貼っていきます。ここは、"だいたい"で構いません。

いったん「意見が出ない」というカテゴリに貼ったとしても、違うカテゴリのほうがより適している意見だなと思ったら、移動すればいいだけ。「うまく分類できる自信がない」「どのカテゴリにも当てはまるような微妙な意見の分類が難しい」という意見を聞くことがありますが、大丈夫。

まずは、参加者のうち誰かの付箋を1枚もらいます。この意見をカテゴリにしてしまいましょう。今回の場合なら、Aさんが「意見が出ない」という付箋をくれたら、参加者に類似の意見がないか聞いて、何人もいれば「意見が出ない」というカテゴリをそのまま作ってしまえばいいのです。

「微妙な意見の分類」も"だいたい"で構いませ

186

ん。その意見がＡかＢかというのを厳密に分類しなければ仕事に支障が出るということはないので、神経質にならなくもいいでしょう。

13:20 ▶ **感想共有**

園部

とりあえずＫＪ法によって可視化できましたね。じゃあ、完成したこの表を見て感じたこと、気がついたことを順番に共有しましょう。Ａさんからお願いします。

１つひとつの意見が全部が会議あるあるすぎて……。自分が困っていたことと、他の方が思う困っていたことがけっこう一致してなんかホッとしました。

Ａさん

園部

はい、拍手〜

そうですよね、けっこうかぶっている意見がありますよね。みんな内心思っていることは似ていたりするんですね。はい！ではＢさん。どうでしたか？

と、ファシリテーターが拍手を促しましょう。
全員が拍手する
パチパチパチパチ！

可視化できたから、何が課題なのか

Ｂさん

フォーカスできたと思います！ すっきり感がありますね。可視化されると頭が整理された感じになりますよね。

園部

はい、拍手〜。

では、次。Cさん、どうぞ！

私は4枚、4つの意見しか書けませんでしたが、他のみなさんが出した意見を見て、「そういえば、こういうのもあるある」と思いました。

Cさん

園部

ですよね、1人で全部の意見を出せる人はいないけど、複数人でやってみたからモレやヌケって防げますよね。
はい、拍手〜。

KJ法ってすごいんですよ。3分で意見を集められてぱっと整理できますからね！

　実際に、ファシリテーターがどんな進行をしているか、おおよその流れは掴めたと思います。次は、これまで会議の課題として挙げたものの中から、どの課題

に絞るのか、「決める」ことについて考えます。どのように会議が進行するのか参考にしてください。

POINT

❗最後に、【振り返り】をして1人ひとりに短く感想を述べてもらう

意見を全部模造紙に整理し終えたら、「会議の課題について意見を述べ、整理した感想について教えてください」と感想を求めていきます。「短く、一言でお願いします！」という言葉を付け加えて、端的に感想を述べてもらうように誘導してもよいでしょう。

1人が「意見が出ないことが気になっていましたが、他の人もそう思っていてよかったです」と感想を述べたら、それを受けて、ファシリテーターは、「本当に、意見が出ないって会議あるあるなんですよね！」とごく簡単な"合いの手"を入れ、そのあと「みなさん、拍手〜！」と拍手を促します。

これにより、参加者は、会議に参加していること、意見を受け入れてもらえたことを実感します。

13:25 重要な課題を特定する

園部

ここまでで、会議の課題を洗い出しましたが、今日は、このうち、どの課題を解決していくかを決めたいと思います。たくさん出していただいた課題の中から、1つに絞ります。もし、時間内に全会一致できなかった場合、みなさんの意見を聞かせていただいたうえで、リーダーである私が決定させていただくという決め方にしたいと思いますが、よろしいでしょうか？

では、もし全会一致にならなかった場合、最終的な判断は私がするという進め方でいきたいと思います。もちろん、暴君のように強引に決めることはないので安心してくださいね。
では課題の特定は、1人2票で投票して、少し絞ってからディスカッションしていきましょう。まず、この10のカテゴリに分類しましたよね。

・意見が出ない ・目的不明確 ・無関心 ・話の長い人がいる ・結論がでない ・脱線する ・時間通り始まらない、終わらない ・否定される ・雰囲気が悪い ・その他

参加者の顔を見て、ほとんどの人がうなずくのを確認する

Time	会議の流れ	備考

このうち、「このプロジェクトで改善すべきだ！」と思われるものを頭の中で2つ選んでください。選ぶときの判断基準は3つあります。

声がけ

・私たちだけで解決できるレベルのもの（ある程度現実的に解決できそう）！
・効果が高そうなもの
・何より、取り組むのにワクワクするもの
この3つを基準に、2つを選んでみてください。では、1分間だけ時間を取りますね。スタート。

「この課題を解消できたら、より会議が楽しくなり、そのあとの仕事も楽しくなりそうだなあ」と思うものを選んでくださいね。

何かしら声がけする

はい！　1分経ったのでみなさんが何を選んだのか聞いていきたいと思います。左の項目から順番に聞いていきますので、それに該当する人は挙手をお願いします。

じゃあ、いきますよ。「意見が出ない」を選んだ人は、挙手してください。5人が投票してくれましたね。

模造紙に「正」の字をつける

次は、「脱線」。「脱線」についてすぐさま
解決したいという人はいませんか？　誰
もいないようですね。次は、「目的不明確」
だと思う人。
お、これは多いですね。4票。

よし、これで全部ですね。「意見が出ない」
「目的不明確」「無関心」。このあたりを挙
げる方が多かったですね。では、これか
らみなさんに選んだ理由について聞いて
みたいと思います。まずはAさん。選ん
だカテゴリとその理由を教えてください。

私は、「意見が出ない」と「無関心」に
しました。会議に出る以上、なるべく
みんなの意見が聞きたいですし、無関
心な人がいない全員参加型の会議にし
たいからです。

Aさん

園部

そうですよね。確かに改善していきたい
ですね！
はい、拍手〜。

パチパチパチ

Bさんお願いします。

「意見が出ない」と「目的不明確」を選びました。意見が出ないというより、意見が言えない人に向けて何か改善できるのではないかと思いました。あと、この会議いったいなんだったの？　時間のムダだったと思うことがあるのでそれは改善したいなと思って「目的不明確」にしました。

Bさん

園部

目的不明確な会議はイライラするしストレスがたまりますよね！　はい、拍手〜。

はい！　Cさん。

園部

みなさん、ありがとうございました。では、2周目にいきましょうか。今のそれぞれの意見を聞いてどう思ったか、教えてく

ださい。今度は、逆回りで行こうかな。
では、Eさん、お願いします。

目的不明確な会議がイライラするんですけど、他の人も同じように感じていたんだと思いました。目的のない会議はしたくないと思っている人が多いのに、そういう会議ばかりだったのは不毛すぎるので、一刻も早く改善してほしいと思いました。

Eさん

園部

本当にそうですよねえ。目的不明確はみんなのヤル気もそがれますからね！　拍手～。

ここでも、またこのように、全員に聞いていく

パチパチパチ

では、残りの時間はフリーディスカッショ

園部

ンにしましょう。あと7分だけあるので、追加で感じたことを教えてください。Aさんは、いかがですか?

私は、「意見が出ない」と「無関心」を選びましたが、「無関心」な人がいると、場の空気も悪くなるし、仕事にも悪影響が出そうですよね。

Aさん

そうだね。「無関心」な人は、自分にとって興味のないテーマの会議だから無関心なのかな?

Dさん

そうかもしれないね。でも、会社は仕事をしに来てるんだし、興味のあるなしに関係なく、会議に参加してほしいな。

Bさん

今、抱えている仕事や、所属している部署に不満があるのかもしれないね。本当はやりたくないから、会議中も無関心になっちゃったり……。

Cさん

「無関心」な人って、会議で一生懸命意見を出そうとしている人にも失礼だよね。私は、「目的不明確」な会議がイライラするんだけど、こうして話していると「無関心」っていうのも大きなテーマ

Eさん

になりそうだね。

　このように、フリーで話し合う場を設けます。ファシリテーターが仕切る必要はなく、自由に発言してもらってOK。ただし、著しく脱線したなと思ったときなどは、仲介に入って話を元に戻すようにしてください。

13:45　▶ **（7分後）**

園部

はい、ありがとうございました！「目的不明確」と「無関心」に絞り込まれつつありましたが、どちらも甲乙つけがたい感じで結論は出ませんでしたね。卵が先か、鶏が先か、みたいな話でもありますよね。どれに決まっても、ある程度改善の余地があり、成果も期待できそうですよね。

時間がきてしまったので、決め方のルールに定めた通り、ファシリテーターである私が最後に決めさせてもらいますね。

13:47　▶ **意思決定**

改めて、みなさん、本当にたくさんの意見をありがとうございました。どちらも

園部

良いと思うのですが、今回は、「無関心」をまずは解決すべきテーマに設定したいと思います。

会議に参加して、つまらなそう、まったく関心がなさそうという人がいると、ヤル気のある参加者のモチベーションも下げてしまいますよね。みなさんの議論を聞かせていただいて、早急に改善したほうがいいなと思いました。

「目的不明確」についても、大切な解決すべきテーマだと思うので、これについては、「無関心」について解決次第、次点として取り組みたいと思います。みなさん、ご協力よろしくお願いいたします。

---POINT---

> **■「みなさんの議論を聞かせていただいて」を強調するのがポイント**
>
> みなさんの意見を聞かせていただいたうえでと、メンバーの意見を尊重している点をアピールすることが納得度をさらに高めることにつながります。

13:50　クローズ

> 振り返り（感想の共有）

園部

では、最後に、会議全体について振り返っていきましょう。

みなさんのご協力のおかげで時間内にアジェンダ項目を進めることができました。ありがとうございました。
最後に、本日の振り返り、感想の共有をして終了しましょう。それでは、今日の会議の感想を、1人一言ずつお願いします！ じゃあ、Aさん、お願いします。

はい。今日は1時間でしたが、課題の特定まで進めることができ、充実していました。KJ法ってどうなの？と思っていましたが、付箋で自分の意見を言えるってすごいですね。全員の意見が可視化されたので、周りの方の意見もすっと入ってきました。

Aさん

園部

本当にKJ法は優秀な整理法なんですよね。ありがとうございます。拍手〜

パチパチパチ

では！ Bさんどうぞ。

今日は、ありがとうございました。もや

もやが晴れてすっきりしました。"無関心"という課題に決まりましたから、早く解決策を検討して、本当にみんなが会議に関心を持つようになるのか"実験"してみたいです。

Bさん

園部

そうですね！　解決策を実行していきましょう。ありがとうございます！

Cさんお願いします。

パチパチパチ

とても楽しかったです。

Cさん

園部

よかった。ありがとうございます！

はい！　ではDさんお願いします。

パチパチパチ

今日はありがとうございました。1人ひとりに話を振ってくれたので自分の意見も言いやすかったし、みなさんの課題も聞けたので有意義でした。

Dさん

園部

ありがとうございます。

では最後に、Eさん。

Eさん

いつもは、意見の偏りがすごくある会議になることが多いんですけど、今回、そういったことが全然なかったです。KJ法のおかげなんですね。全員の意見が言える。その平等な感じがしてよかったです。

最後にも今までと同じように全員に確認をしましょう。

園部

ほんと平等なんです。そう言っていただけてうれしいです。
はい！　今、13時53分。みなさんの協力のおかげで時間内に終わることができました。

今日決まった内容は、改めて整理して次回の会議前までにシェアします。
次回は、1週間後の○月○日○時からです。今日決まった「無関心」となる原因分析、解決策へと問題解決ステップに沿って進めていく予定です。
では、本日はここまでにしたいと思いま

す。お疲れ様でした！

▶ 5分前に余裕を持って終了する

13:55

─ POINT ─

！ お礼は、随所で述べる

合意形成したことについて、まずは感謝。意見を出してくれたとき、ディスカッションを終えたときなど、「ありがとうございました」は意識して言います。ちょっとしたことですが、コミュニケーションが円滑になるコツの1つです。

！ 会議全体の感想を聞く

「会議に参加した感想を、1人一言ずつお願いします！」などと感想を聞くのはマストです。

！ 感想を言い終えたら、みんなで拍手

1人が感想を述べたら、そのあと拍手します。拍手は慣れないと不思議な感じもしますが、自分の意見に拍手してもらえるのは気持ちがいいものです。ただし、目上の人ばかりのときに拍手すると微妙な感じになる場合もありますので、状況に応じて使い分けてみてください。

！ 時間通りに会議が終わったことを伝える

時間内に会議が終わったことを全員に知らせます。「この人がファシリテーターとして会議をするときは時間内に終わるから安心だ」と思ってもらえるでしょう。

多少の失敗は、失敗にあらず

　実際の会議の"実況中継"をお伝えしました。コツは掴めましたか？

　おさらいになりますが、当日は、事前に準備したアジェンダに沿って進めていきます。基本的にアジェンダに書かれているのは、以下の通りです。

・会議名
・会議の目的・ゴール
・オープニング
　本日の進め方
　アイスブレイク
・議論内容
　会議の課題を洗い出す
　重要な課題を特定する
・クローズ
　振り返り（感想の共有）

　それぞれのポイントを理解した上で、「実践！」してみてください。リーダーになりたてで、ファシリテーターを任されるようになったばかりの"新人"さんは、はじめのうちは「時間通りに終わるか」「問いの立て方は大丈夫か」「ＫＪ法でちゃんと整理できるか」など不安要素も多いと思いますが大丈夫です。

　本書に書かれた手順をマスターしておけば、そう大きく外すことはないからです。

　拍手を忘れてしまった、声かけをすべきところでしなかったなど細かなことなら、次回以降にいくらでも挽回できます。

　ＫＪ法の付箋による意見の集め方、分類の仕方は、「この意見は、どこに分類すればいいんだ？」と戸惑うことはあるかもしれませんが、失敗をたくさんして、学んでいってください。**失敗することが大切なのです！**　だから、大丈夫。

おわりに

　本書では、私がこれまでに様々な会議の改革コンサル、ファシリテーターを任され試行錯誤しながらつくり上げたノウハウを余すところなくお伝えしました。

　多くのファシリテーションに関する本を読み漁りましたが、実践の場では役に立たなかったり、躓いたりすることが多かったので、当時の自分が「こんな本があったらいいのに」と思うものを書いたつもりです。

　管理職やプロジェクトリーダー的な役割を担い、メンバーから意見を引き出して、チームの生産性を高めることが求められている人にはファシリテーションスキルは必須です。

　では、それ以外の人には不要かというと、そうではありません。

　それこそ何かの「問題を解決する」「企画する」「やり方を考える」仕事に携わっている人であれば年齢、役職、性別に関係なく必要なスキルだと思います。

　若い人、それこそ新入社員でもこれからは身につけておくべきだと私は思っていますし、必ず仕事の幅が広がるきっかけになるスキルだと思っています。

管理職やリーダーだけが身につけるものと思わず、若い人もぜひ役立てていただけたら幸いです。

　ところで、会社員時代に携わった仕事で忘れられない思い出があります。気力体力が充実している40代前半のときに、「組織変革プロジェクト」のプロジェクトリーダーを任されたときです。

　年間1000本の会議を取り仕切っていたので、毎日、4～5本の会議は当たり前。会議をするために会社に行っているようなもので、組織変革の正解などまったくわからない中で、みんなで知恵を出し合い、協力して取り組むことが求められました。

　さすがにこのときの1年間は何度もくじけそうになりました。

　なんとかやり遂げられたのは、この仕事に一緒に取り組んだ仲間がいたから。上司や先輩からも励ましてもらい、妻にも支えてもらったからです。不得手だったコミュニケーションもこの間で克服できました。

　感謝してもしきれません。

　そして、もう1つ、大きな支えになったものがありました。

　それが、本書で書いたファシリテーションスキルでした。

　このファシリテーションスキルがなかったら、途中で挫折していたかもしれません。難しい課題について、「現状認識やあるべき姿」

を洗い出し、「原因」を洗い出して特定し、「解決策」を洗い出して特定する。

　まさに本書でお伝えしたようなことを愚直にやり続け、なんとか果たすことができました。

　もし、ファシリテーションスキルを身につけていなかったらと思うと、今でも本当にぞっとします。

　ファシリテーションのスキルがあれば、ファシリテーターと参加者が一体になって会議を進めることができます。

　数回行った会議が終わる頃には、参加者全員の足並みがそろい、「いい仕事」に向かって1人ひとりがいきいきと邁進（まいしん）できるでしょう。本書が、その一助になればと思います。

　ファシリテーションは最強のビジネススキルなのです。

著者

購読者だけの
ダウンロード特典!!

無料
プレゼント!

最強のファシリテーターになれるセット

本書で紹介した
「アジェンダ」と「ファシリチェックシート」を
ぜひ、ご活用ください!

自分でアレンジできる
アジェンダ

ファシリチェックシート

参考文献

『世界で一番やさしい会議の教科書　実践編』　榊巻　亮（日経BP）

『世界で一番やさしい会議の教科書』（入社2年目の女子がグダグダ会議を変える！）　榊巻　亮（日経BP）

『会議ファシリテーションの基本が身につく本』　釘山　健一（すばる舎）

『リーダーのためのファシリテーションスキル』　谷　益美（すばる舎）

『会議を変えるワンフレーズ』　堀　公俊（朝日新聞出版）

『人を動かすファシリテーション思考』　草地　真（ぱる出版）

『ファシリテーターの道具箱』　森　時彦（ダイヤモンド社）

『ザ・ファシリテーター』　森　時彦（ダイヤモンド社）

『ザ・ファシリテーター2』　森　時彦（ダイヤモンド社）

『ファシリテーター養成講座』　森　時彦（ダイヤモンド社）

『組織変革ファシリテーター　ファシリテーション能力「実践講座」』　堀　公俊（東洋経済新報社）

『ファシリテーションの教科書』　グロービス（東洋経済）

『最高の結果を出すファシリテーション』　山田　豊（ナツメ社）

『紙一枚で身につく！外資系コンサルのロジカルシンキング』　大石　哲之（宝島社）

『ロジカルシンキングが身につく入門テキスト』　西村　克己（中経出版）

『ロジカルシンキングの技術』　HRインスティテュート（PHP）

『問題解決で面白いほど仕事がはかどる本』　横田　尚哉（あさ出版）

『問いのデザイン』　安斎勇樹・塩瀬隆之（学芸出版社）

『プロの課題解決力』　渡辺　パコ（かんき出版）

【著者紹介】

園部　浩司（そのべ・こうじ）

◉──プロファシリテーター。横浜市出身。1991年、NECマネジメントパートナーに入社。経理部に配属され、その後、事業計画部へ異動し36歳でマネージャーに昇格。さまざまな企画を立案し実行するが、プレイヤー時代の仕事のときのようにチームマネジメントはうまくいかず、成果をなかなか出せずにメンバーとの関係が悪化することが多かった。

◉──変わらなければと、いろいろなセミナーを受講するなか、ファシリテーションスキルに出会う。ファシリテーションを実践していくうちに劇的にメンバーとの関係が良好になり、プロジェクトでも大きな成果がでるようになった。その後、300名在籍の組織変革プロジェクトリーダーをつとめ、年間1000本以上の会議をこなし、１年間で約２億円の営業利益の改善に導く。業務改革推進本部では、最年少部長に抜擢される。

◉──2016年に独立し、人材育成や組織改革、風土改革のコンサルティングを行う「園部牧場」を設立。ベンチャーから大手企業までの会議を仕切るほか、年間2500人以上のファシリテーターの育成に携わる。営業活動はSNSなどを一切使わず口コミのみだが、数年先まで仕事の依頼が埋まっているトップファシリテーターである。これまでに指導した人数は、延べ6600人以上になる。

◉──園部牧場のコンセプトは「枠、超えよう！」。自分も仲間も枠を超えるような仕事にチャレンジするという意味が込められている。日本最大級のスキルシェアサービス、ストアカでは上位１％のプラチナティーチャーに選出され、意識の高いビジネスパーソンに注目されている中目黒の蔦屋書店で行われる「ナカメで朝活」でも強く支持されている。

◉──また、職人の仕事にあこがれ、２年前に寿司職人養成学校へ入学。寿司が握れるコンサルタント・研修講師としても人事担当者からも人気がある。「日本から不毛な会議を撲滅させる！」と強い決意で日々活動中。

https://www.sonobe-bokujo.co.jp/

ゼロから学べる！　ファシリテーション超技術

2020年10月５日　　第１刷発行
2022年９月１日　　第７刷発行

著　者──園部　浩司
発行者──齊藤　龍男
発行所──株式会社かんき出版
　　　　　東京都千代田区麹町4-1-4　西脇ビル　〒102-0083
　　　　　電話　営業部：03(3262)8011㈹　編集部：03(3262)8012㈹
　　　　　FAX　03(3234)4421　　　　　振替　00100-2-62304
　　　　　https://www.kanki-pub.co.jp/

印刷所──シナノ書籍印刷株式会社